탐라에 매혹된 세계인의

제주 오디세이

탐라에 매혹된 세계인의 **제주 오디세이**

초판 1쇄 인쇄 2015년 6월 20일 ＼**초판 1쇄 발행** 2015년 7월 1일
글·사진 허영선 ＼**펴낸이** 이영선 ＼**편집 이사** 강영선 ＼**주간** 김선정
편집장 김문정 ＼**편집** 김종훈 김경란 하선정 김정희 ＼**디자인** 정경아 이주연
마케팅 김일신 이호석 김연수 ＼**관리** 박정래 손미경

펴낸곳 서해문집 ＼**출판등록** 1989년 3월 16일(제406-2005-000047호)
주소 경기도 파주시 광인사길 217(파주출판도시) ＼**전화** (031)955-7470 ＼**팩스** (031)955-7469
홈페이지 www.booksea.co.kr ＼**이메일** shmj21@hanmail.net

© 2015, 허영선
ISBN 978-89-7483-720-4 03300
값 13,900원

이 도서의 국립중앙도서관 출판시도서목록(CIP)은 e-CIP 홈페이지(http://www.nl.go.kr/ecip)에서
이용하실 수 있습니다.(CIP제어번호: CIP2015015641)

탐라에 매혹된 세계인의
제주 오디세이

허영선 글

서해문집

들어가며

언젠가 다시 돌아올 그들, 별빛처럼
기억되길

　　　섬 땅의 길을 걷고 걸었다. 이 책을 만드는 동안 제주의 얼굴을 다시 찬찬히 보고 싶었다. 성산의 동쪽과 노을 지는 수월봉의 서녘을, 중산간 마을의 이곳저곳을 보았다. 냉전 시대 현대사의 비극, 4·3의 잿더미 위에서 일어나 살아남은 사람들의 마을을 보았다. 싱그러운 연두의 팽나무 그늘 아래 주름진 얼굴들만 앉아 있었다.

　오월의 아침, 나는 보았다, 제주 북촌 너븐숭이 애기무덤가의 수련 꽃봉오리를. 아이들의 눈망울처럼 또록또록, 참혹의 언덕에서 피어난 그것들은 몸서리치게 청초했다. 오월의 제주 바다는 쪽빛이었고, 그 멀리로 해녀들의 숨비소리가 제주의 시퍼런 생명력을 들려주고 있었다. 곶자왈 계곡으로 초록의 이끼와 윤기가 흘러넘쳤다. 오랜 고요와 침묵이 고인 그곳, 검고 깊었다.

어쩌다 표류해 오는 자의 섬이기도 했던 탐라, 동북아의 요충지로, 운명처럼 뭍과 섬의 갈등 시대를 살아내야 했던 제주도, 어디든 눈감고도 떠오르는 길이었다. 그러나 길은 더 이상 낯익지 않았다. 길과 길의 섬, 불과 몇 년 새 변화의 속도는 제주도의 지형을 바꿔놓고 있었으므로. 어떤 비애가 교차했다. 누구나 찬탄하고 유혹하는 이 용암의 대지, 이제 긴장하지 않으면 보다 큰 파도가 진격해 올지도 모른다는 생각이 들었다.

돌아오는 길. 그럼에도, 산의 그 움푹한 봉우리는 타오르듯 무수한 구름을 밀어내고 있었다. 오래 삼켜뒀던 것들을 분출하자 하늘과 한라는 구분되지 않았다. 황홀한 구도로 집을 짓는 구름의 무리는 흡사 사람의 마을처럼 보였다.

너울너울 오름의 능선은 여전히 당신들을 매혹하고 있었다. 하루가 소멸되는 제주 바다는 왜 이리도 아름다운가, 이렇게 축약된, 완결된 아름다움을 가진 땅이 어디 있던가. 르 클레지오가 그랬던가. 제주도는 세계에서 얼마 남지 않은 자연을 가진 섬이라고. 그래서 이 섬에 밀물처럼 사람들이 밀려오는 것인가.

그들을 만났다, 이 땅에서. 우리 시대의 세계적인 작가에서 중국서 온 아흔의 제주 해녀 출신까지. 그들은 내 고향 제주의 매혹에 바람처럼 스며들었다. 제주도의 색감과 질감, 제주 사람들의 삶의 무늬를 사랑했다. 섬의 미학에 몸을 떨었다.

이 글은 세계인의 시선으로 보는 제주에 대한 이야기다. 모두들 열린 마음의 보루 같은 섬으로 제주를 느끼는 사람들, 어떤 인연이 닿은 사람들이다. 삶의 철학과 응축된 시선은 짧지만 강렬했다. 그들의 이야기는 찬사와 함께 오래 제주도가 품어야 할 경고와 제언들이었다. 제주의 거죽보다 제주를 지탱해준 뼈와 제주 사람과의 깊은 정을 지켜내야 할 가치로 함축됐다. 무엇보다 그들은 제주도가 인간의 섬, 평화와 인권의 공간으로 남기를 바랐다.

그들의 이야기가 제주 인문학적 상상력과 깊이를 더해주고 있다는 생각을 하게 된 것은 오랜 시간이 필요하지 않았다. 제주도는 이미 관광객 1000만 명의 시대를 파도처럼 훌쩍 타넘은 세계의 섬이 되었다. 예측보다 이르게, 격하게 변하고 있었다. 그러기에 이 말들은 저장해둬야 한다고 생각했다. 한번 스치듯 떠나는 말이라 하기엔 너무도 아까웠다. 나는 믿는다, 제주를 향한 그들의 시선은 한 시대가 흘러도 유효함을. 그 믿음은 이번 제주 섬을 한 바퀴 다시 돌아보면서 더 다가왔다.

이 책은 모두 4장으로 구성돼 있다. 이렇게 구성했으나 명랑하고 매력적인 제주와 견딜 수 없었던 섬의 슬픔을 대개 공유하는 사람들의 이야기다.

1장 '제주의 자연에 매혹된 사람들'은 유독 자연을 사랑하고, 그 속에서 제주도의 뜨거운 내성을 깊고 깊은 성찰로 끌어올린 이들의 이야기다. 노벨문학상 수상작가 르 클레지오, 프랑스 시인 카티 라팽, 하와이

도시·환경계획 전문가 이덕희, 일본 야쿠시마의 환경운동가 효도 마사히루, 프랑스 사진가 레오나르 드 셀바와 태피스트리 작가 클레르 라도 부부가 그들이다.

2장 '제주의 문화에 매료된 사람들'은 제주 섬이 가진 특별한 삶의 문화를 사랑하는 사람들의 이야기다. 재일동포 피아니스트이자 작곡가 양방언, 세계 건축의 거장 고(故) 리카르도 레고레타, 일본 문학평론가 오무라 마스오, 독일 출신 한국학 학자 베르너 사세, 전 주제주 일본국총영사 요덴 유키오의 끝없는 제주 사랑이 여기에 담겨 있다.

3장 '제주의 사람에 빠져든 사람들'에서는 제주 사람들과 가슴으로 닿아 있는 이들의 이야기다. 평생 제주에 헌신하는 삶을 살고 있는 아일랜드의 성자 맥글린치 신부, 재일 제주인 생활사 연구자 이지치 노리코, 프랑스 출신 배우 겸 감독 안나 주글라, 재중 해녀 출신 김순덕과 무용가 진향란 모녀, 베트남 여성 종군작가 레 민 퀘, 일본의 작가이자 석학이며 세계적 평화운동가 고(故) 오다 마코토와 수묵화가 현순혜 부부가 그들이다.

4장은 '제주의 고통과 함께한 사람들'의 이야기다. 중국의 세계적 작가 위화, 제주에서 전쟁의 비애를 다시 떠올리던 베트남의 국민 시인 고(故) 찜 짱과 탄 타오, 난징대학살기념관장 주청산, 일본의 '한라산회' 고문 나가타 이사무, 재일 3세 작가 강신자가 그들이다. 그들은 제주의 상처 위에서 과거를 직시하고, 스스로 고통을 치유하는 힘을 얻고 있었다.

이 글들은 대부분 2007년부터 2012년까지 내가 5년여 동안 〈제민일
보〉 지면에 연재했던 만남의 기록이다. 만남 후 시간이 좀 흘렀다. 이후
얼마 전까지 다시 만난 이들도 있다. 제한된 지면이었기에 아쉬웠다. 그
리고 이들의 이야기는 오늘의 이야기이기도 했다.

다 쓰지 못했던 말을 다시 불러내 손질하고 덧붙였다. 많은 부분 달라
진 근황이 있을 것이다. 다 챙기지는 못했다. 아쉽다. 다시 정리하는 내
내 그들의 애정 어린 눈동자 혹은 단호한 눈동자가 떠올랐다.

그렇게 뜨겁게 제주도와 인연을 맺었던 이들이 떠오른다. 그사이 세
상과 작별한 오다 마코토, 리카르도 레고레타, 찜 짱 시인께 다시 한 번
고개 숙여 명복을 빈다.

이 책의 출간에 기꺼이 동의를 해주신 모든 분들께 깊은 감사를 드린
다. 통역을 맡아준 이들의 고마움을 잊을 수 없다.

작가 위화와 동행한 목포대 중어중문학과 신정호 교수, 카티 라팽의
오랜 친구이자 레오나르 드 셀바의 통역을 맡아준 숙명여대 프랑스언
어문화학과 임혜경 교수, 르 클레지오의 불어 통역을 맡아준 오연옥 씨,
프랑스 배우 겸 감독 안나 주글라의 통역을 맡아준 프로듀서 이병원 씨,
찜 짱·탄 타오 시인과 함께 온, 베트남에서 헌신하고 있는 구수정 선생,
베트남 레 민 퀘 작가와 함께하고 자료를 제공해준 최하나 선생, 효도
마사히루의 통역을 해준 제주대 김순임 강사 등의 도움을 받았다.

이 책은 혼자 힘으론 나올 수 없었다. 주위의 많은 격려가 있었다. 또
한 책의 출간은 이들이 남긴 제주 이야기에 각별한 의미를 부여하면서

치열하게 기획하고 애써준 서해문집 김문정 편집장의 노력과 편집부의 노고 없이는 가능하지 않았을 것이다.

《탐라에 매혹된 세계인의 제주 오디세이》. 오랜 시간이 흐른 뒤, 나는 이 시대 그들이 제주 섬을 향해 건넨 진정성 있는 메시지가 누군가의 가슴에 별빛처럼 기억될 수 있기를 희망한다. 오랜 시간이 흐른 뒤에도 제주도가 제주도다운 얼굴로 호명될 수 있기를 소망한다.

2015년 5월
초록이 무성한 제주에서
허영선

차례

1장 제주의 자연에 매혹된 사람들

2장 제주의 문화에 매료된 사람들

3장 제주의 사람에 빠져든 사람들

4장 제주의 고통과 함께한 사람들

주상절리 산책길에서 만난 슬픔을 보듬은 바닷새
노벨문학상 수상 작가 르 클레지오

제주도 해안의 까만 돌 하나라도 있는 그대로
하와이 도시·환경계획 전문가 이덕희

오름의 곡선을 따라 신화의 섬을 느끼다
프랑스 사진 카티 라뱅

세계자연유산 제주도, 환경문제 걱정하라
일본 야쿠시마 환경운동가 효도 마사히루

오름을 닮아온 낯선 바람결에 두 발을 밟힌다
프랑스 사진작가 레오나르드 셸비와 태피스트리 작가 클레르 리도 부부

제주의
자연에 매혹된
사람들

주상절리
산책길에서 만난
슬픔을 보듬은
바닷새

노벨문학상 수상 작가
르 클레지오

그에게 온 처음의 제주는 '섬의 우수'다. 그는 "성산일출봉 즉, '새벽바위'라 불리는 이곳에서 그것을 느낄 수 있다"고 적었다. 그의 깊은 우수는 "냉전의 가장 삭막한 한 대목이 펼쳐진 곳이 여기 이 일출봉 앞이기 때문"이다. 르 클레지오. 그의 매혹적인 〈제주 찬가〉를 사람들은 성산의 터진목 해안에서 잠시 음미할 수 있다. 2009년 3월, 유럽 최대 잡지 프랑스판 《지오(GEO)》에 실려 세계적으로 큰 반향을 일으킨 그의 제주 기행문 중 한 대목이다. 그가 프랑스 5채널에 '세계 속의 르 클레지오'란 다큐멘터리를 통해 제주를 전 세계에 알린 것은 2007년 11월. 2014년까지 수차례 제주 섬을 찾았던 그는 이미 파르르 떨리는 제주의 실핏줄까지 보고 있었다. 거칠고 검은 바위의 해벽, 그는 선조들의 고향 모리셔스와 너무나 유사한 제주 섬에 사로잡혔다. 아름다운 곳을 찾게 된 자가 또다시 마음이 끌려 그곳을 찾게 되듯이 제주는 그러한 땅이라고 했다. "제주도는 세계에 얼마 남지 않은 자연을 갖고 있는 섬"이라는 그는 명예 제주도민이다(2011년).

화산섬 제주도, 슬픔 뒤의 미소라 했다. 원초적인 자연과 문화가 살아 있는 땅, 슬픔마저 아름다운 자연이 보듬어주는 것 같다 했다. 선조들의 섬 모리셔스와 많이 닮은 아픈 역사의 땅, 섬의 우수 뒤에 선 기쁨 한 조각, 희망을 노래하라 했다. 그가 왔다, 또다시, 날다가 날다가 발견한 바다 위 암반에 내려앉은 새처럼. 미지의 대지를 찾는 프랑스 문학의 살아 있는 신화 그의 행로 안에 제주 섬이 있었다. 2008 노벨문학상 수상 작가 르 클레지오. 타는 사막을 향하던, 태양과 사막의 작가. 그의 시선은 때때로 제주 섬을 향한다. 이번이 벌써 네 번째 제주 길. 인터뷰를 약속한 아침, 장마의 전주곡인 안개비가 자욱했고, 그의 표현대로 '몽환적인 섬', 제주 바다를 향한 거장의 눈길은 잠시 우수에 빠진 듯했다. 빠듯한 일정을 소화하고도 그는 미소를 지었고, 겸손했다. 제주에 한 편의 시를 남기고 떠나는 날 아침엔 홀로 산호초 고운 우도를 다녀왔다.

만화를 잘 그리던 소년, 어려서부터
소설 써

　　　　천혜의 작가였다. 미세한 감수성의 소년은 만화를 잘 그렸고,
이미 어린 소설가였다. 자신이 쓴 소설을 친척 동생들이나 형들, 그의 반
친구들에게 보여주는 것을 좋아했다. "친구들이 소설보다 만화를 더 좋
아해서 만화를 많이 그렸어요. 만화가가 될까도 했었지요. 그때 만화의
주인공은 항상 '북(BOOK)'이란 이름을 가진 선생님이었어요." 그가 추
억처럼 웃었다. 말수 적은 소년에게 만화는 아마 소통의 수단이었나 보
다. 데생이 그의 소설집 군데군데서 발견된다. 그의 소설, 《어린 여행자
몽도》는 시적이며, 상상력이 넘치고 몽환적이다. 그의 첫 여행과 글쓰기
는 여덟 살 때였다. 제2차 세계대전 시기, 의사인 아버지를 만나러 나이
지리아로 가던 배 위에 그가 있었다.

　통과제의처럼, 문학 신열에 시달리던 소년 르 클레지오. 밤이면 몰래
창문을 통해 뛰쳐나가 밤거리를 배회하기도 했다. 그에게 삶은 곧 문학
이었다. "글쓰기는 단지 책상 앞에 앉아 할 수만은 없다. 그것은 세상의
모든 소리를 듣는 것이다." 작가는 그렇게 세상 밖의 소리에 귀를 기울
인다. 사람들은 그를 '유목 작가'라 부른다. 그래설까. 그의 소설엔 길 위
의 사색이 자주 묘사된다. "여행을 좋아하고, 길을 걸을 때 그러한 풍경
이 소설에 들어가죠."

　유목민의 기질이 넘치는 작가는 이미 70년대 초 4년간 파나마 앙베라
인디언과 함께 살기도 했다. 그의 소설은 늘 새로운 도전을 담는다. 인간

제주 중문·대포해안주상절리

주상절리는 용암이 흐르다가 바다와 만나면서 굳을 때 육각기둥 모양으로
굳어져 생긴 지형을 말한다. 서귀포시 중문동과 대포동 해안을 따라 분포되어
있으며 그 길이는 약 3.5킬로미터에 이른다.
르 클레지오는 벽화처럼 펼쳐진 제주 중문·대포해안주상절리 위 산책길에서
바다직박구리 한 마리를 만나는 순간 영감이 떠올라 한 편의 시를 쓰게 된다.

과 자연의 화해, 현대 도시 문명의 외피를 꿰뚫는다. 5대륙을 넘나드는 수많은 여행을 통해 작품의 영감을 길어 올리는 작가. 그는 이미 제주의 장엄한 숲과 한라산, 자연에 매혹당해 있었다.

4·3 기억 간직, 조금 더 행복 위해 나아가야

"제주도 역시 모리셔스 섬처럼 많은 요소로부터 침공과 파괴를 당할 위험에 노출되어 있습니다. 그래서 여러 대륙의 문학과 세계 평화 사이에 관계를 이룰 수 있는 사람들은 바로 저희 섬사람들입니다." 그는 제주의 작가들이 모리셔스처럼 어두웠던 제주의 이야기를 배경으로 많은 작품들을 탄생시킨 것을 알고 있다고 했다. 현기영의 《순이 삼촌》 같은.

그가 내게 물었다. 4·3에 대한 시도 쓰시죠? 그렇다고 했다. "4·3이 일어나고 화해의 시간이 오면서 평화에 대한 글이 더 많으면 좋지 않을까 합니다. 슬픔 뒤에 미소가 있다는 것을 항상 생각하면서 미소를 띨 수 있는 평화의 글을 더 많은 사람들이 썼으면 합니다. 슬픔이 오면 행복이 오는 것이니까, 슬픔에 빠지다 보면 계속 슬픔만 생각나는 글은 이미 많이 있으니까, 그 기억은 기억대로 고이 간직하면서 조금 더 행복을 향해 나아가면 어떨까 합니다." 그에게 제주도는 "슬픔과 기쁨이 뒤섞여 있는 땅, 확신의 땅이라기보다는 감성의 땅"이다.

그러한 땅, 제주도는 지금 어떤가. 하루가 다르게 개발과 보존의 기로에서 갈등을 겪고 있다. 제주 자연은 개방될수록 위협을 당하고 있으니까 말이다. 그는 어떤 입장일까?

"제주도를 방문할 때마다 느끼는 건데, 제주도가 자꾸 더 모던하게 변하는 것 같습니다. 길이 많이 늘었어요. 그래선지 제주도에 올 때마다 자연보호 단체가 조금씩 더 생기는 것 같고요. 이제는 젊은이들이 좀 더 자연 보존, 미래에 대해서 신경을 썼으면 합니다."

소설《혁명》은 프랑스판《뿌리》,
본질 찾기

그의 국적은 여전히 모리셔스이며, 감성적으로도 모리셔스 주민이다. 스스로 제3세계인이라는 르 클레지오. 그의 대표작《혁명》은 5대에 걸친, 프랑스판《뿌리》로 비견되는 가장 솔직한 자전소설로, 고모의 편지로 자신과 모리셔스의 뿌리를 알게 된 과정이 그려진다.

르 클레지오, 그에게 건넸다. "당신의《혁명》에는 비극의 역사성과 서사의 절묘한 결합이 엿보인다"고. "요리법이 있다면 그것은 슬픔 안에 살짝 보이는 미소, 미소 안에 살짝 보이는 슬픔, 그런 것의 조화라고 봅니다. 자기만 겪어왔던 일과 그리고 상상의 조합만 있으면 좋은 하모니가 되지 않을까요. 자기 경험에 역사와 환상의 세계가 합쳐지면 말이죠." 이 거장에게 문학은 '사는 것'이다. '쓴다'는 것은 그에겐 '집착'이라

했다. "아침에 글 쓰고, 점심에 글 쓰고, 자기 전에 글 쓰고, 자면서까지 글 쓰는 저에겐 글쓰기는 집착 같은 일이라고 생각합니다. 사람들은 집착이 안 좋은 거라고 생각하지만 저는 집착으로 살아남을 수 있습니다." 때론 그러한 집착이 그에게는 새로운 세계의 문을 여는 열쇠인 셈이다.

그에게 글쓰기란 "모험이며, 나와 다른 것을 발견하는 방법"이다. 결국 그의 작품은 근원, 본질적인 것을 찾는 여정이 아닐까. "작가가, 시인이, 글을 쓴다는 것은 인간의 근본적인 것, 본질을 찾기 위한 움직임이 아닐까 생각해요. 한국말로 '본질'은 불어로는 '가슴', '심장'이죠." 그가 소리 내 단어를 한 음절씩 따라한다. "심, 장!"

모리셔스의 할머니와
제주 할머니

　　　지배적인 문명 너머 또 그 아래서 인간을 탐사하는 작가인 그의 소설엔 제3세계 여인이 종종 등장한다. 어둡지만 아름다움과 희망을 놓지 않는 《황금 물고기》의 주인공은 아프리카 여성, 서울에서 쓴 《허기의 간주곡》은 어머니의 초상이다.

그의 소설 속 빛나는 색채의 여성들에게서 제주4·3을 겪은 제주 할머니의 힘이 느껴졌다고 하자 그도 자신의 할머니에 대한 기억을 떠올렸다.

"저도 전쟁의 시간을 할머니와 형과 보냈어요. 할머니는 그랬죠. 과일과 채소의 껍질만 드시곤 하셨어요. 과일 안의 즙과 알맹이를 남겨서 좋은 것만 저희에게 주셨답니다. 그런 위대한 여성의 힘을 저희에게 남겨 주셨습니다. 그러면서도 독일군이 쳐들어왔을 때는 저희를 산으로 데리고 가서 숨겨주시곤 하셨습니다. 그런 할머니에게서 강한 여성의 힘을 느낄 수 있습니다. 할머니와 함께한 경험이 있어서 제3세계의 여성에 대해 글을 쓸 수 있었죠. 거기서 저는 아마도 인생에서 끝까지 자신의 아이들을 책임지려는 강렬한 여성의 위대함을 느꼈던 것 같습니다. 저희 아버지는 의사였기 때문에 아프리카 쪽에 사셨죠. 저희들 곁에 있을 수 없었습니다. 어머니가 계셨지만, 할머니께서 모든 것을 이끄셨죠."

소멸 위기의 제주어, 학교에서
가르쳐야

유네스코에서 소멸 위기의 언어로 진단한 독특한 제주어. 중세어 아래아(ㆍ)가 남아 있는 섬, 제주도는 이국적인 언어의 땅이다. 그러나 제주어는 섬 바깥의 언어가 지배한다. 이 '엇어지는'(사라지는) 제주어에 대한 그의 생각까지 마저 듣는다.

"물론 매우 안타까운 일이죠. 프랑스 니스에서도 표준어로 공부하지만 '닛사'(니스어, 니스에서 쓰는 지역 말)를 보존하기 위해서 학교마다 하루에 한 시간씩 닛사 수업을 합니다. 제주에서도 제주어를 보존하기 위해 표준어를 배우되 제주어를 일상적으로 사용하는 데 불편함이 없도록 하루 한 시간만이라도 제주어를 배울 수 있게 하면 좋지 않을까 생각합니다."

고통과 긍지가 섞인 감정
'해녀'

제주에는 보람이란 감정이 있다. 그것은 고통과 긍지가 섞인 것이다. 이런 감정이 해녀에게 있다. 어릴 적 태평양 섬에서 조개나 진주를 캐기 위해 반쯤 벗은 몸으로 바다에 뛰어드는 여성에 관한 에로틱한 글을 본 적이 있다. 그러나 진실은 산문적이다. 해녀는 실제로는 고기잡이의 프롤레타리아다. 하늘과 바다의 상황이 어떻건 매일 바다에 뛰어들어 조개를 잡는다. 오늘날 제주 해녀의 대부분은 나이든 여성이다. 그들은 관절염 류머티즘 호흡기 장애를 안고 산다. 채취할 수 있는 양은 줄어들고 그들은 점점 더 멀리, 점점 더 깊은 곳으로 가야 한다. 그러나 그들을 지탱하는 것은 보람, 즉 희생의 정신이다. 그들의 딸이 더 나은 삶을 사는 것은 다 그들 덕분이다.

그의 처연하게 아름다운 문장 〈제주 찬가〉에서 제주 해녀는 '고기잡이의 프롤레타리아'다. 그렇다면 지금, 해녀 문화를 전승하고 보전한다는 것은 어떤 의미일까? 그는 절감한다. 온몸을 투척하는 해녀의 물질은 지금처럼 모던한 세상에서 오래 보전하기가 어렵다는 것을. 예상대로 그의 답은 조심스럽다.

"지금 현대사회에서 해녀란 직업은 어려운 일이죠. 폐와 건강에 안 좋은 작업을 계속하는 것보다는 그런 기억, 특히 해녀들에 대한 추억을 글로 남기는 것이 좋지 않을까 생각합니다." 그들의 목숨 건 물질에 대해 감히 어떻게 감내하기를 바라겠는가 하는 의미가 아니겠는가.

> 오늘날 제주는 온화함과 가혹함, 슬픔과 기쁨의 혼합이다. 검정과 초록의 혼합, 이 섬의 우수는 섬 동쪽 끝 성산일출봉에서 잘 느낄 수 있다. 이 봉은 떠오르는 태양을 마주 보고 선 가파른 검정이다. … 성산일출봉을 보고 있 노라면 마다가스카르 동쪽의 화산섬 마우리티우스의 모른 봉이 떠오른다. 두 곳은 똑같은 비극을 담고 있다. 성산일출봉은 제주 4·3사건 때 민병대 에 끌려온 성산 마을 주민들이 죽어가면서 봤던 바로 그곳이다. 마우리티 우스의 모른 봉은 반란 노예들이 인도양으로 솟아오른 봉우리 끝까지 기 어올라 허공에 몸을 던진 곳이다.

> ─르 클레지오, 〈제주 찬가〉 중에서

제주와 유난히 비슷한 아픔과 자연을 간직한 모리셔스 사람들, 그가 1 년에 한 번쯤은 마냥 제주로 시선을 두게 되는 이유다.

"모리셔스 사람들처럼 과거를 통해 평화를 지키려는 제주 사람들의 의지를 높이 산다"는 이 작가는, 젊은이들에게서 희망을 발견한다. 모리 셔스의 비극 '모른'과 닮은 성산일출봉에 해가 뜨는 것과 같이. 그는 운 명보다는 인연을 믿는다. "제주도에는 하늘에서 자연과 인간을 이어주 는 실이 있다고 생각한다"는 그는 제주의 길 위에서 제주도가 해외 문화 교류의 중심지가 되기를 희망했다.

섬세하고 감각적인 문체로 늘 독자를 매혹하는 '침묵의 작가'. "자신한테 매우 솔직해질 때 좋은 글을 쓸 수 있다"고 함축했듯, 그 자신에게 던지는 문학과 삶의 화두는 "나에게 진실하자"다. 영화에도 관심이 많은 그는 언젠가 좀 더 제주의 특별한 사랑 이야기나 자연과 더불어 사는 사람들, 슬픔에서 배어 나오는 미소와 기쁨 같은 것을 짧은 영화로 찍고 싶다 했다. 제주칠머리당영등굿 기능보유자 김윤수 심방의 연물소리에서는 아프리카의 타악기 소리를 연상했다는 르 클레지오. "많이 걷고 소식하는 것"이 건강의 비결이라는 이 거장의 문학은 아직도 절정이다.

한라산 아기 노루 생존력에
놀라다

한라산의 위대함, 화산섬 제주도가 품고 있는 오름에 빠지고, 한라산에서 만난 아기 노루의 생존력에 놀랐다. 제주 동쪽 작은 마을마다 입구에 서 있는, 돌로 쌓아 올려 액을 막는 방사탑의 아름다움에도 빠지고, 마라도의 거친 풍경에도 빠졌다 했다.

서귀포 중문 대포리의 주상절리 산책길에서였다. 어여쁜 바닷새 한 마리를 만난 것은. 파도가 빚어낸 수직의 절묘한 불기둥에 시선을 빼앗기던 순간이었다. 포르르 새 한 마리가 그 앞으로 건너온 것은. 파란색 깃털의 작은 새, 그 이름 모를 새는 해안 절벽에 사는 바다직박구리였고, 아주 고운 목청으로 노래한다. 그는 거기서 시를 썼다. 어쩌면 그는 멸종

르 클레지오의 '제주4·3기행문 기념비'

성산일출봉이 손에 잡힐 듯 건너다보이는 '앞바르 터진목'(성산읍 신양
해변)에 르 클레지오의 제주4·3 기행문이 기념비로 세워져 있다.
비석엔 르 클레지오가 2008년 9월 제주에서 4·3과 해녀, 돌하르방 등을
취재해 이듬해 3월 유럽 최대 잡지인 프랑스판《지오(GEO)》창간 30주년
특별호에 실었던 기행문 중 제주4·3을 다룬 내용이 영문과 한국어로
병기돼 있다.

Parfois
un arbre solitaire sans ses feuilles
L'oiseau de la mer
bleu
noir
(dans la nuit
sa couleur se perd
mais au lever
du soleil
il s'éclaire)

Au bout d'un
long voyage
les roches noires
les rivages
où la chanson du
vent calme la tristesse
de sa caresse
Ce petit oiseau du bout du monde
apporte la vie comme une étoile

Jejudo, juin 2011   J.M.G. Le Clézio

제주에서 쓴 르 클레지오의 시

된 모리셔스의 도도새를 떠올리며 섬의 문화를 재생시키고 싶었던 것은
아니었을까.

가끔은 잎사귀가 없는 외로운 나무

파랗고 검은 바닷새

저녁이 되면 색은 있지만

해가 떠올 때면 밝은 색을 띤다

여행의 끝에는 검은 바위와 호수가 기다리고 있다

그곳에 비로소 바람의 노래가

슬픔을 보듬어준다

세상 끝에서 온 이 작은 새는

별과 같이 활기를 가져다준다

-르 클레지오, 〈무제〉 중에서 (오연옥 역)

르 클레지오(Le Clezio) 1940년 프랑스 니스 출생. 영국 브리스틀대학과 프랑스 니스대학 졸업. 조상 대대
/ 로 모리셔스 섬에 정착했다. 1963년 스물셋에 첫 작품 《조서》로 프랑스 르노도상
을 수상하며 화려하게 데뷔했고, 《열병》, 《홍수》, 《물질적 법열》, 《황금 물고기》, 40번째 소설 《혁명》 등 수많
은 화제작을 발표했다. 1967년부터 멕시코와 파나마 등지에 체류하면서 인간과 자연의 조화로운 존재를 추
구한다. 시적 산문의 정수인 《성스러운 세 도시》, 모로코인 아내와 함께한 사막 기행문 《하늘빛 사람들》이
있다. 《사막》으로 폴 모랑 문학대상을 수상, 2008년 노벨문학상 수상자로 선정된 그는 자발적 유랑자처럼
살며 글을 쓴다. 2001년을 시작으로 한국 문단과 교류하고 있다. 2007년 이화여대 초빙 교수를 역임했다.

오름의 곡선을 따라
신화의 섬을
느낀다

프랑스 시인
카티 라팽

시인이자 연극연출가, 그림도 그리는 종합 예술가 카티 라팽. 그와 제주의 인연은 1984년 20대 시절부터 시작된다. 한국이 좋아서 한국에 왔고, 30년 넘게 한국에서 대학생들을 가르친다. 바람의 섬 제주를 처음 만난 순간 첫사랑처럼 설레었고, 그냥 빠졌다. 빠른 우리말, 연기를 하듯 나오는 다양한 몸짓…. 툭하면 제주 땅을 밟았고, 마라도 등 제주의 섬을 구석구석 걸었다. 그의 마음을 빼앗은 것은 제주의 풍광, 자연만이 아니라 제주가 품고 있는 신성한 신화, 옛 제주인의 심성이 스민 듯한 봉분 같은 오름, 제주의 원초적인 바람, 아니 섬 전체였다. 이 매혹의 땅을 향한 그의 시선은 여전히 유효하다. 조금씩 변모하는 제주의 얼굴에 대한 안쓰러움을 품은 채. 제주에서 출판한 그의 시집,《그건 바람이 아니지》는 생동감 넘치는 섬의 이미지에 온몸을 통과하는 바람과 특유의 영적인 분위기를 담고 있다.

바라보고 있는 타자를 사랑하는 것처럼

탐라를 안다는 것은

몸으로 살의 존재인 탐라를 안다는 것은

열정으로 모든 상상력으로

탐라를 안다는 것은

끊임없이 더 먼 곳으로 다시 떠나기 위한 것

이 나라가 나를 극동으로 이끌었다

오 탐라

이 이름은 섬 이름으로 마음에 든다

이 이름은 북 가죽처럼 울린다

버스 정류장에 써진 현재의 네 이름보다는

너 이름을 반복해 불러본다

제주는 시멘트와 유리로 된 역사

탐라는 돌과 바람으로 찬란한 동화이다

탐라는 내 발걸음과 맞춘다

탐라는 내게 청녹색을 사랑하게 만든다

탐라는 나에게 이야기를 하게 한다

- 카티 라팽, 〈살과 바위로 된 탐라〉 중에서 (임혜경 역)

한라산은 거대한
봉분 같아

기억한다. 그때 시인은 시각적이고 청각적인 이미지로 제주도를 노래했다. 1992년, 제주도 시편들만 모아《그건 바람이 아니지》란 시집을 냈던 그 프랑스 여성 시인을 기억한다. 더욱이 그 시집은 제주도 출판사에서 발간됐다. 시집은 수차례 제주에 머물며 7, 8년 동안 쓴 시 48편으로 채워졌다. 지독한 열정과 상상력으로 매일 시를 쓰던 젊은 시인의 눈에 붙잡힌 제주도는 전혀 색다른 육질이었으며 신선한 분위기였다.

오름 위에서 한 자유로운 영혼의 여자가 두 팔을 벌려 바람을 품고 있었다. 바람에 자신을 맡긴 채 '나는 자유'라고 외치는 실존의 한 젊은 여자. 마치《그리스인 조르바》의 한 장면 같았다. 제주의 언어가 거기에 솟구치고 있었고, 그는 원초의 언어를 듣고 있었다.

오름과 오름으로 흐르는 제주 땅의 곡선

오름은 측화산(側火山, 기생화산)을 뜻하는 제주 방언으로서 일반적으로
제주도의 측화산을 말한다. 제주도에는 약 380여 개의 오름이 있다.
높고 낮게 봉긋봉긋 솟아오른 오름과 오름으로 흐르는 제주 땅의
곡선은 마치 한라산이라는 거대한 봉분과 작은 봉분으로 보여 그
속에 인간의 영혼이 잠들어 있는 듯한 상상을 불러일으킨다.

이 파란 눈의 여자가 처음 제주 섬을 밟았을 때는 1984년, 파릇한 20대였다. 제주 섬이 어느새 보이지 않는 끈으로 그를 사로잡고 있었던가. 그날 이후 그는 제주 섬의 매혹에서 벗어날 수 없었다. 한라산의 기생화산, 어미인 한라가 거느린 380여 개의 봉긋봉긋 솟아오른 오름은 그에게 하나의 경이였다. 오름은 흡사 인간의 영혼이 잠들어 있는 작은 봉분이었고, 한라산은 거대한 봉분이었다. 거기서 오래된 섬의 흔적인 불의 소리, 용암의 소리를 들었다. 섬광 같은 전율이 그를 꼼짝없게 했다.

바다·돌·할머니·돌하르방·억새·폭풍우의 섬, 온몸으로 끌어안을 수밖에 없었다. 그 역시 자연으로 돌아가 섬이 빚어내는 소리로 완성한 음악과 오름의 품에 안겼다. 천둥 치는 마라도의 밤을 만났고, 먼바다의 바람을 만났다. 제주도 사람보다 더 깊이 섬의 맨살을 느꼈다. 카티 라팽은 이렇게 운명처럼 제주도와 만났다. 올해로 25년째 한국에 살고 있는 그를, 임혜경 교수와 함께 만났다. 두 여자는 여전히 제주도에 꽂혀 있었다.

"왔다 갔다 하면서 제주도 오는데, 다른 데는 가고 싶지 않아요. 잘 골랐어요. 내가 참 잘 선택한 거예요. 나도 설명할 수 없어요. 왜 이런지 나도 몰라." 명랑하고 유창한 그의 우리말은 항상 구르는 공처럼 빠르다. 그는 자신의 생에서 참 잘한 일이 있다면 한국을 선택한 것, 그리고 제주도에 마음을 빼앗긴 거란다.

제주도는 쇼크, 섬 전체가
하나의 무덤

2008년 2월, 바람은 여전했으나 옛날 그가 처음 느꼈던 그 바람은 아니었다. 그는 이제 그 제주도의 매혹에 대해 더 이상 경이롭다 하지 않았다. 이제 바람은 '겸허하라. 제주도 자연을 함부로 하는 자들이여!'라고 하는 듯했다.

그는 예전의 제주도를 그리워했다. 그때, 1980년대 처음 찾아왔던 섬, 제주도는 놀라움을 넘어 온몸을 울리는 미학적 쇼크였다. 첫 만남을 아련하게 떠올리던 그의 말이 다시 열정적으로 바뀐다.

"지금도 그 생생함을 간직하고 있어요. 무덤처럼, 전율이 왔었죠. 엄마 배 속에 다시 들어가는 느낌이었어요. 신화 같은 분위기였어요." 한라산에서 오름까지 오름에서 바다까지, 제주도는 섬 전체가 커다란 무덤이었다. 제주도의 무덤은 영적인 분위기로 압도했다. 산에선 바다가 느껴졌다. 그의 고향도 매일 바다를 볼 수 있는 곳이어서 그랬을까?

"색깔도 움직임도 다르지만 우리 동네도 매일 바다를 볼 수 있었어요. 제주에서는 바다보다 산을 느꼈어요. 산에서도 바닷속에 있는 느낌, 돌·바람·오름 다 느낄 수 있어요."

진짜 관광지 된 제주도, 바닷가

펜션에 충격

시간이 지나 만난 제주도는 그동안 몰라보게 다른 얼굴로 변해 있었다. 하루가 다르게 도시를 닮아가고 있었다. 세상에 변하지 않는 것은 없다지만 변해도 많이 변했다. 바다를 보러 가려 해도 돈이 필요했다.

"진짜 관광지가 됐어요. 유명한 관광지가 됐는데 옛날 모습은 없어졌어요. 제주시 탑동은 정말 내가 좋아했는데. 옛날에 차르르 물결에 씻기면 반짝반짝하던 '까만 돌'(먹돌), 정말 아름다웠어요. 이젠 다 사라졌어요. 시멘트가 있고, 이마트가 있고…. 이젠 바닷가에 가고 싶지 않아요. 수많은 펜션, 여느 나라에나 있는 다름없는 풍경이에요." 유네스코 세계자연유산이 된 곳도 예외는 아니라 했다. 성산은 그가 좋아하는 곳, 즐겨 찾는 곳이었다.

"어제 성산일출봉에 갔는데 입구가 심하게 시멘트로 덮여 있었죠. 상점에 유네스코 마크가 붙어 있었지만, 일출봉이 너무 작아 보였어요. 옛날에, 스무 살 때 갔을 땐 정말 너무 크고 아름다웠어요. 지금은 너무 작아졌어요."

제주의 자연이 무엇인지, 제주의 특색이 무엇인지, 제주의 역사가 무엇인지 알아야 변화를 줄 수 있다는 카티 라팽. 바다 바로 옆에 집을 짓는다는 것은 있을 수 없는 일이란다. 그는 특히 성산포 섭지코지에 한탄했다.

"정말 가슴이 아파요. 섭지코지는 아주 좋아했는데 모양만 교회인 헛교회가 생기고, 지금은 엄청 큰 리조트 생기고, 이거 뭐예요? 사람들은, 예술가들은 뭐해요?"

그렇다면 그의 나라, 프랑스는 어떨까? "프랑스에서는 자연보호와 마을을 보전하기 위해 마음대로 집을 지을 수 없어요. 색깔도 마음대로 칠할 수 없어요. 제주도는 하와이가 아니잖아요. 그렇다고 옛날로 돌아갈 수 없어요. 앞으로 갈 수밖에 없잖아요. 그렇다면 법을 만들어 보호해야죠."

제주도엔 제주만의
색깔이 있다

　　　제주 올레가 탄생되기 이전부터 올레길을 걸어온 사람처럼 꼬닥꼬닥 걸으며 만났던 당시의 제주도는 온 섬이 자연 박물관이었다. 그런데 언제부턴가 제주도는 박물관 천국이 됐다. 그는 여러 박물관에 혹시나 해서 들어가 보지만 항상 실망하며 나왔다고 했다. 더욱이 왜 해양 박물관은 없는지 납득이 가지 않았다. 그래도 흥미로운 곳은 있었다.

"미로공원, 재밌었어요. 애기들도 웃고, 아줌마들도 웃고, 다 웃고 있어요. 자연으로 만들었으니까. 안에 들어가면 재밌어요. 목석원은 나의 어린 시절 같았어요. 지금은 없어져버렸지만…. 돌문화공원은 건물이 멋있어요. 특히 쓰레기통 위에다 조성했다는 게 뜻있어요. 하지만 어떻

한반도 최남단, 마라도

마라도(馬羅島)는 한반도 최남단에 있는 섬으로, 주변 일대는 천연기념물
제423호로 지정되어 보호하고 있다. 정호승 시인은 "물고기의 눈물이다/
인간의 그물에/엄마를 잃고/ 눈물 흘리는 아기물고기의/ 푸른 눈동자다〈마라도〉
전문"라고 표현하는 등 여러 시인이 이 섬을 노래했는데, 제주에서 시집을 냈던
카티 라쌩노〈마라도〉라는 시를 썼다.

게 전시해야 할지 연출이 중요해요."

그는 제주도 사람들이 제주도의 가치를 제대로 살려놓지 못하고 있다고 말한다. 아름다운 것은 더 아름답게 살릴 수 있어야 한다는 말이다. 옛날엔 꼬불꼬불 제주 올레의 원형 같은 작은 길이 많았는데 올 때마다 그 길이 사라지고 있는 것이 보인다. 예전의 제주도를 너무 많이 알고 있어설까. 왜 자꾸 아름다운 길이 사라지는지 안타깝다.

"프랑스도 물론 불법이 있죠. 산골짝에 사는 사람이 주변의 돌이며 색깔이며 수리하고 변경을 하려면 당국에 승인을 받아야 해요. 만약에 제주도가 하와이처럼 되면 나 제주도 안 와요. 프랑스 모습을 보려면 프랑스에 가야 하듯이 제주도엔 제주만의 색깔 있어야 하잖아요. 서귀포 앞바다 외돌개, 멋있어요. 걷기 좋게 나무로 만들어서 좋아졌어요. 집도 정원도 넓고 나무 많이 심었어요. 가시리도 좋아요. 표선 백사장, 아직도 괜찮아요." 아무리 강조해도 제주도가 가진 가장 아름다운 것은 자연이다. 걷다 보면 자연 속에서 제주도만의 색감을 느낄 수 있다. 그 색은 의외로 쉽게 찾을 수 있었다.

대형 페스티벌보다 작은 모임이
좋아

그는 연극 연출에 큰 애착을 갖는다. 대표작은 이오네스코의 〈왕은 죽어가다〉. 그는 한국 연극을 프랑스에 알리는 문화 전도사다. 학생들과 프랑스 아비뇽축제에도 참가했다. 얼마 전에 낸《한국 연극의 어제와 오늘》(임혜경 공역)은 10년에 걸쳐 한국 연극의 중요 자료를 수집해 불어로 번역, 처음으로 프랑스에 알린 책으로 의미가 깊다. 그는 시 낭송에도 관심이 많다. 얼마 전 서울의 공연장에서 시 낭송을 했다. 프랑스에서도 발표한 그 시는 〈살과 바위로 된 탐라〉다. 모국어인 프랑스어로 시를 쓰고 있지만 그는 독특한 가치가 있는 제주어를 사랑한다.

"사람들을 만나고 문화센터를 만들고…. 작은 페스티벌 같은 것이 좋잖아요. 대형 페스티벌 하면 망해요. 제주도에도 토지문학관 같은 창작공간이 있으면 좋겠어요."

그는 역동적이다. 요즘 그가 몰입하는 분야는 도자기와 이광복 화가의 누드 크로키. 그렇게 몰입해 영감을 받아 에로티시즘이란 주제로 글을 쓰려고 한다.

"크로키는 몇 초 동안 착착착 그려야 해요. 시도 빨리 쓸 수 있는지, 그래서 글쓰기도 크로키처럼 될 수 있는지 궁금해요. 여성에 대한 모든 글쓰기가 실험이라고 볼 수 있어요. 그런 실험으로 70편을 써서 책으로 엮으려고 해요. 제주도는 에로티시즘하고도 잘 어울려요. 여성의 섬이니까."

먼 파도가 밀려온다. 젊은 그를 흔들면서, 흔들렸던 '마라도'가 떠오른다.

마라도여

바람의 폐허

나무 한 그루 없는 무성한 풀

밖엔 개 한 마리 없고

넌 하늘에 등을 대고

바닷물 속에 얼굴을 뒤흔들고 있구나

마라도여 마라도여

속으로 불타버린 너의 맨살은

내 머리를 불타게 하고

내가 꾼 꿈을 꾸고 있구나

마라도여 마라도여

머리채 흩날리며 멱 감는 검은 여자여

너는 내장 속으로 나의 몸을 끌어안는구나

— 카티 라팽, 〈마라도〉 중에서 (임혜경 역)

카티 라팽(Cathy Rapin) 1957년 프랑스 파리 출생. 파리 7대학 한국어과 졸업(박사학위). 서울여대 불문과
/ 교수(1984~2005), 서울사대 불어교육학과 강사(1986~2005), 한국외국어대 불어과
교수(2005~현재). 시집으로 《종이 그림자》(파리, 1989), 《몸의 언어》(파리, 1991), 《소란, 정지, 푸가》(파리, 1993), 《별
이 쏜 하늘》(파리, 1995), 《그건 바람이 아니지》(제주도, 붐데강, 1992). 김명곤의 《우루왕》(2004), 《한국 연극의 어
제와 오늘》(2006) 등 한국의 시, 희곡 및 소설을 임혜경 교수(숙명여대 불문과)와 불어로 공역했다. 연극 연출작
으로 이오네스코의 〈왕은 죽어가다〉, 장 뤽 라갸르스의 〈난 집에 있었지 그리고 비가 오기를 기다리고 있었
지〉(2004) 등이 있다.

제주도 해안의
까만 돌 하나라도
있는 그대로

하와이
도시·환경계획 전문가
이덕희

바라보기만 해도 숨이 막혔다. 밀물로 달려오던 쪽빛, 제주 바다. 그렇게 이름만 떠올려도 가슴 설렁거리던 곳이 바로 그 섬, 제주도다. 그가 제주도를 친정처럼 드나든 지는 꽤 오래됐다. 그만큼 제주엔 지인도 많다. 그러나 얼마 전 잠시 찾았던 제주 길은 충격이었다. 섬 속의 섬, 마라도와 우도가 질주하듯 변모해버렸기 때문이다. 너무나 놀랐고, 안타까웠다. 오래전부터 그는 제주도가 이상하게 변화하는 것에 우려의 목소리를 내왔다. 그러면서 스스로 찾아낸 제주의 숨은 보물과 그 귀한 가치에 대해 기록했다. 제주의 오래되고 아름다운 등대를 찾아《제주의 도대불》이란 책도 썼다. 애정이 깊은 만큼 제주에 대한 쓴소리를, 앞으로 제주도가 가야 할 길을 예리하게 쏟아냈다. 그리고 60대의 그는 여전히 밝고, 물음표가 많다.

30년 앞을 내다보는, 도시계획을 연구하던 사람이 어느 날 거꾸로 걷기 시작했다. 오래된 신문을 뒤져 깨알 같은 글자를 읽어냈다. 옛사람들은 어떻게 살았을까, 그렇게 뒤져보니 잘못 알려진 것이 너무나 많았다. 부풀려지고 과장된 것이 있었고, 알려져야 할 것은 숨어 있었다. 1993년부터 그는 한국인의 하와이 이민사를 꼼꼼히 조사했다. 이민사 연구가 소설보다 재밌었다는 이덕희. 40년 이상 하와이에 살고 있는 그는 한국에 도시계획 전문가, 이민사 연구자로 많이 알려진 사람이다.

제주 사람의 하와이 이민 기록
찾아내

"아무리 배고파서 떠났다 하더라도, 당시 배를 타고 태평양을 건넌 사람들은 진취적인 선구자였죠. 100년 전 제주도에서 하와이로 이민 간 사람 가운데는 제주 사람인 고씨, 강씨 수십 명이 나와요."

이제 증언 채록할 1세는 다 세상을 떴다. 2세는 기억이 희미하다. 그래서 남아 있는 사람 몇 명을 인터뷰해야 하는데 너무 늦었다. 그는 1차 자료를 찾는 데 애쓰고 있다. 신문 영인본은 종이 신문의 반 사이즈여서 읽기가 여간 어렵지 않다. 그 낟알 같은 글씨를 확대경으로 다 읽는다.

"얼마나 재밌는지 소설보다 재밌어요. 100년 전, 1909년에 조그만 교회에 부인 교육회란 것이 결성돼요. 거기서 여자 자신도 교육받아야 하고 자녀들도 교육받아야 한다는 취지서가 신문 한 페이지에 다 나와요. 요새 여성들 다 고개 숙여야 해요. 첫 번째 주장이 '평등'이에요. 만주 독립군에 후원 자금 보내는 일도 해요. 지금 애국에 비하면 그때 조국애는 말로 다 못해요. 1909년 신문을 보면 모국의 재난 동포들한테 기금을 보내는 기록도 있고, 100년 전 우리 여자들 다 그랬어요."

그는 늘 자신에게 질문한다. 100년 전 이민 간 사람들은 과연 어떻게 살았을까? 그렇게 소외되었던 이민사를 복원해 한국 여성사의 한 페이지에 보탰다. 연구가 힘들어도 하와이 여성에 비해 수적으로 더 많은 당시 재일동포 여성의 활동을 비교, 연구하고 싶었다. 독립운동은 구체적으로 뭘 어떻게 했을까? 그는 요즘 이들의 생활사에 눈을 돌리고 있다. "지금껏 생활사는 소외됐죠. 생각해보세요. 7000명이 이민을 가서 100년을 지내오면서 그 사람들이 매일 독립운동만 했겠어요?"

제주도와의 인연, 20여 년을 담은
《제주의 도대불》

　　　　아무도 눈을 돌리지 않을 때였다. 섬의 도대에 관심을 가진
것은. 제주 섬의 포구에서 낡고 오래된 작은 도대를 발견했다. 분명 이
섬에도 현대식 등대 이전에 밤바다를 밝혀주던 빛이 있었을 것이다. 도
대는 그 증거였다. "섬에 와서 보니까 예전에는 캄캄한 밤에 어떻게 했
을까, 밤에 바다로 나가진 않았겠지만 혹시 나갔다가 못 들어오는 배가
있을 때는 어떻게 했을까 그런 생각이 들었어요."

　　도대를 찾아 섬 한 바퀴를 돌기 시작했다. 마을 할아버지 할머니들도
만나 도대의 내력을 들었다. 2년여에 걸쳐 그가 찾아낸 제주 섬의 도대
는 열여덟 개. 그의 책《제주의 도대불》은 그렇게 해서 나왔다.

　　그러나 그 책 이후 도대의 운명이 달라진 것을 안 때는 4, 5년 전이었
다. 대학의 은사인 사회학자 이효재 선생과 다시 도대를 둘러봤을 때였
다. 그는 가슴을 쓸어내려야 했다. 이건 아니었다.

　　"도대불이 텔레비전에 여러 번 나가니까 중요하다고 복원을 해놨어
요. 복원한 사람과 군수 이름이 써 있었죠. 그냥 허물어져가는 모습 그대
로 놔둬야 하는데 말이죠. 두 기가 있었는데 개발하는 중에 하나는 부서
졌는지 새것을 만들어놨어요. 오래된 것의 귀중함을 몰라요. 이런 일이
얼마나 많이 벌어지고 있을까요. 생각지도 못했는데…."

우후죽순처럼 여기저기 솟은
우도의 펜션

그의 가슴이 철렁 하고 내려앉은 것은 섬의 섬 우도에 갔을 때였다. 우후죽순처럼 세워진 펜션과 쌩쌩 달리는 자동차와 스쿠터에 놀라지 않을 수 없었다. "펜션이란 펜션은 다 허가해놓았으니 환경 망가진 것은 말할 것도 없어요. 10년 전 제가 우도 플랜을 세웠지만 이러려고 한 건 아니거든요. 우도를 자전거의 섬으로 만들었으면 했어요. 섬은 한 바퀴 걸어도 짧은 거리지만 1인용이나 2인용 혹은 가족용 자전거를 타고 다니면 얼마나 좋아요. 물론 자전거 대여점은 동네에서 운영하는 거죠."

또 그때만 해도 우도는 환상의 섬이었다. 바다엔 넙미역이 지천이었다. 그런데도 주민들은 넙미역을 채취하지 않았다. 그는 그것을 상품화하는 아이디어를 내놓았다. 당시 우도는 땅콩 농사를 한두 농가에서만 지을 때였다. 그때 그는 땅콩 역시 대량 재배가 필요하다는 의견을 냈다.

"2년 후에 갔더니 많이들 재배했어요. 기업과 학교에서 도와줘야 성공한다고 했는데 잘 안됐어요. 이번에 가보니 볶지 않은 땅콩은 조리 과정이 없던데, 조리 과정도 넣었으면 해요."

이덕희, 그는 제주도를 20년 이상 다녔다. 그렇다면 이 도시계획 전문가가 본 제주도는 얼마나 변했을까. "외형적으론 많이 변했어요. 긍정적인 것만은 아니에요. 부정적으로 환경을 개발한 것들이 눈에 들어와요. 사람이 변하지 않았다는 것은 순수하다는 것인데, 이것은 긍정적인 면

"제주도는 분명 하와이완 다른 바다색을 갖고
있는데, 해안선은 원형 그대로 남아 있는 것이
별로 없고 돌덩어리만 남아 있어요. 그나마
남아 있는 그 까만 돌과 암석을 보존해야 해요.
바다가 있는 풍경이 좋잖아요."

우도의 봄바다

속칭 도대불이라 불리는, 1915년 세워진
제주시 북촌 포구의 등명대

이지만 마음이 진보하지 않고 옛날 그대로인 것은 부정적인 면이죠. 말은 국제화하자고 하면서 실상은 그 반대죠. 행정이 특히 그래요." 그는 그렇다고 자신이 제주의 발전 계획을 만든 사람은 아니라 했다. 무슨 말일까?

"가령 해안선을 건드려서는 안 된다고 말했어요. 또 모래언덕, 사구를 건드리면 왜 문제인지, 개발을 무조건 막자는 것은 아니고 개발할 때 어떻게 해야 그걸 건드리지 않고 할 수 있는지 제시해왔을 뿐, 저는 여기에 이 건물을 지으라고 얘기하지 않았어요."

그 예로 표선민속촌이 사구 지역인데 그곳을 마구 개발한 것이 문제였다고 했다. "바람 부는 날 가보면 길거리에 모래가 자꾸 쌓여요. 함덕도 마찬가지죠. 사구를 건드리지 말고 해안가에 자라는 풀을 심어줘야 해요. 우리는 자꾸 덮으려고만 해요. 텐트 같은 것 치고, 답답하죠. 예전에 우리 조상들은 이럴 줄 알았기 때문에 안 건드렸어요. 구름을 보고 바람을 보면 폭풍이 몰아치겠다는 걸 알았어요. 요새는 그것을 관찰하는 태도도 능력도 없어졌어요. 기상청만 바라보는데 만날 틀려요."

이덕희. 그는 제주도의 시선은 좀 더 먼 곳을 향해 열려 있어야 한다고 본다. 당장 눈앞의 이익에 눈멀었다간 제주 고유의 가치를 잃게 된다는 얘기다. 그가 바라보는 제주는 결코 낭만적이지만은 않다. 그는 천혜의 자연을 어떻게 극대화시키고, 삶의 질을 높일 수 있을까를 생각한다.

해안가에 다닥다닥 건축물 지으며
바다 조망할 수 없어

　　　　그는 제주 해안도로도 이해할 수 없다. 해안도로에 다닥다닥 붙어서 들어서고 있는 정체불명의 건축물들은 더 못마땅하다. 왜 꼭 바다 조망을 가리도록 놔둬야 하는가. 하와이는 그렇게 가까이 있는 해안도로는 없단다. "호놀룰루가 있는 섬은 해안도로로 완전히 못 돌아요. 해안도로가 없어서 못 도는 게 아니고 한쪽 끝에 보존해야 할 풀이 자라고 있어요. 그 잘난(?) 보존 식물 하나 때문에 못 들어가게 하는 거예요. 그것 때문에 새가 날아오고 그래서…."

　미국도 예전에는 늪지대를 많이 없앴다. 나중에 그 늪의 중요성이 판명되면 새로운 늪지대를 옆에 만들어야 했다. 돈 몇 푼 벌금 내는 걸로 끝나지 않았다. 그렇다고 해서 똑같은 늪지대가 형성된다는 보장은 없지만 그 주변에 그만 한 늪지대를 복원시켜야 한다는 것은 개발에 신중함을 더하게 한다.

　"제주도는 분명 하와이완 다른 바다색을 갖고 있는데, 해안선은 원형 그대로 남아 있는 것이 별로 없고 돌덩어리만 남아 있어요. 그나마 남아 있는 그 까만 돌과 암석을 보존해야 해요. 바다가 있는 풍경이 좋잖아요. 그런데 10미터도 안 남기고 다 집을 지어놓으니까 바다를 바라볼 수가 없어요. 가서 내려다봐야 하는 거죠. 오름도 마찬가지예요. 중간중간에 펜션이 서기 시작하면 아무것도 안 보이죠."

　개발을 반대하진 않는다는 이덕희. 그렇다면 요즘 논란이 일고 있는 수십 층의 고층 빌딩 건설에 대한 생각은 어떤가 물었다. "주변을 녹지로 놔둔다는 보장이 있으면 가능하죠. 경관 평가는 깐깐하게 해야 해요. 조금만 나가면 오름이 보이는 게 제주도의 매력인데, 경관을 완전히 망친다면 1층짜리 건물이라도 세워서는 안 되죠." 그가 보기에 지금 환경 영향평가는 따로 놀고 있다. 종합이란 말을 안 써도 환경 영향 평가는 종합이다. 사회, 문화, 경관 총체적으로 봐야 보인다.

"길은 잘 뚫려 있어요. 가시적인 것에다 투자를 많이 하는 거죠. 넓은 길이 필요한 데도 있지만 산간에는 필요 없어요. 길을 넓힐 때는 물이 흘러내리는 길, 땅으로 스며 들어가는 속도 등 전부 계산해야 해요. 길을 넓히면 물론 교통 정체가 없어지겠지만 그 악영향도 얘기를 해야죠. 그러면 2차선으로 할 것을 1차선으로 하도록 결론이 나와요. 또한 그것을 쓸 사람, 그 주위에 있는 사람들하고 얘기를 해야 해요. 공청회를 해도 정작 사람이 오도록 하는 노력은 안 해요. 외딴 데에서 하는 공청회에 누가 가겠어요. 다 된 다음에 나타나면 서로 갈등만 깊어지죠. 계획과 환경영향평가는 동시에 진행해야 해요. 삶의 방식에 대해 제주 사람들이 결정해야 하는 거죠."

제주대생에게 장학금,
하와이 유학

그가 제주도를 처음 만난 것은 1960년, 20대. 농촌 계몽반을 따라서 왔을 때다. 제주도와 적극적으로 인연을 맺은 때는 25년 후인 1985년, 관광 개발과 환경에 대해 제주도에 자문하러 오면서였다.

그는 무엇보다 지역의 젊은 인재를 키워야 한다고 생각한다. 그가 매해 한 명, 제주대 학생에게 9000달러의 장학금을 줘 하와이에서 1년간 공부할 수 있게 하는 것도 그런 마음에서다. 그러길 벌써 2015년 현재 11년째다.

도시계획은 미래를 보는 안목 위에 열정과 문화를 알아야 할 수 있다는 이덕희. 남의 나라에 가서 그 일을 한다는 것이 모험이었던 1963년, 시험 치르고 미국 유학길에 올랐고, 거기서 가족을 이뤄 하와이에서 46년째 살고 있다. 어려서부터 그에게 미국은 아버지, 오빠가 나가 살고 있었기 때문이었는지 먼 나라가 아니었다.

그는 일과를 인터넷 검색으로 시작한다. 한국에 오면 꼭 영화관을 찾는다는 그는 도자기 빚는 것이 취미다. 아직도 탐구하는 그의 눈빛에서 꺼지지 않는 열정이 빛난다.

이덕희
/
1941년 평양 출생. 도시계획·환경계획 전문가, 이민사 연구가. 1963년 이화여대 사회학과 졸업, 1965년 미 버클리대에서 사회학 석사, 1968년 미 남가주대 도시계획학 석사. 호놀룰루 시 도시계획국과 하와이 주 기획실 근무, DHM inc 환경계획연구소 대표, 2003년 미주 한인 이민 100주년 기념사업회 부회장을 역임했다. 현재 무라바야 시 장학재단 이사장, 하와이 토카이국제대학 이사, 하와이대학교 후원회 이사와 하와이 한인이민연구소 소장을 맡고 있다. 《하와이 이민 100년, 그들은 어떻게 살았나》(중앙M&B), 《한인기독교회, 한인기독학원, 대한인동지회》, 《미국, 재외동포사 연표》(국사편찬위원회), 《하와이대한인국민회 100년사》(연세대 출판문화원), 《제주의 도대불》 등을 출간했다. 월간 《애비뉴(Avenue)》에 가장 영향력 있는 아시아계 미국인 500인 중 한 사람으로 선정되기도 했다.

세계자연유산 제주도, 환경문제 걱정하라

일본 야쿠시마
환경운동가
효도 마사히루

제주도에 관광객이 많이 온다고 기뻐할 일은 아니란 것을 그는 에둘러 얘기했다. 자신의 고향 야쿠시마를 연상하며 한 말이었다. 정말 매력적이기에 많은 사람이 찾는 섬이란 점에서 두 섬은 비슷하다 했다. 야쿠시마. 우리에게 미야자키 하야오의 영화 〈원령공주〉 배경으로 알려진 섬이다. 그 섬엔 7200살 먹은 '성스러운 노인'이 산다. 그 노인은 바로 야쿠시마의 유명한 조몬삼나무. 크기가 제주도의 5분의 1인, 일본 열도의 남쪽 외딴 섬, 야쿠시마. 산과 강, 바다가 조화로운 이 섬은 1993년 세계자연유산으로 등재되면서 유명해졌다. 얼마 전 그 섬에서 한 원로 환경운동가가 제주 섬을 찾았다. 효도 마사히루. "원시림을 자손에게 물려줘라"며 고향의 산을 지킨 사람이다. 효도의 친구이며, 그 섬에서 살다 간 추앙받는 시인이자 농부였던 야마오 산세이는 그의 저서에서 그를 이렇게 표현했다. "효도 마사히루는 '누구 씨'로 불리는 것을 좋아한다." 그와 함께 그 섬으로 들어간다. "야쿠시마는 시간이 천천히 흘러가는 곳이다. 야쿠시마에 오신 분들은 시계를 다 풀어놓았으면 한다."

"제주도 관광객이 이렇게 많다고 정말 흥분해야 할까요?"

텔레비전의 관광객 수 표시를 보면 마치 주가가 올라갔다 내려왔다 하는 것 같다는, 야쿠시마의 원로 환경운동가. 그는 이제 관광의 패턴을 바꿔야 한다고 말한다. 관광객의 비위를 맞추려고만 한다면 정말 관광객이 좋아할까, 반문했다.

"무엇을 위한 것인지, 최종 목적이 무엇인지, 우리의 삶과 직접적인 관계가 있는지 생각해야 합니다. 양을 추구하는 시대에서 소박하지만 질을 추구하는 삶으로 빨리 전환해야 합니다. 관광객 수가 이 모든 것을 해결해줄 수는 없어요. 섬의 입장에서 보면 야쿠시마 같은 곳은 1년에 40만 명이 찾아요. 들어오는 사람은 그렇지만 거기서 체재하는 시간을 생각하면 80만 명이 될 수도 있습니다. 적정 인원이 섬에 머물고 있는지 그것을 다시 한 번 생각해봐야 합니다."

제주도가 귀 기울여야 할 대목이 아닐까. 그는 1만 4000명이 사는 야쿠시마가 하루에 소화할 수 있는 적정 인원은 최대 2000명이라고 했다. 제주도 연 관광객은 어느새 1000만 시대를 향해 달려가고 있다(2013년 11월 28일, 1000만 명 돌파).

"제주도는 제주도답고 야쿠시마는
야쿠시마답게"

　　　　야쿠시마, 그 섬에서 산악회 회의가 열렸던 2007년 일이다. 현(縣) 공무원이 많이 참석했다. 그가 제일 끝자리에 앉았다. "다들 훌륭한 야쿠시마의 자연을 잘 지켜야 한다고 했어요. 그런데 내 차례가 됐는데 저는 아무 할 말이 없었습니다. 왜냐하면 예전에 환경운동 할 때 저와 싸웠던 사람들이지만 이제는 같은 생각이니까 할 말이 없습니다, 했죠." 다들 웃었다. 관광산업도 자연이 있어야 가능하다는 것을 안다. 보존은 당연한 것이고, 그것을 전제로 한 관광산업이기 때문에 이젠 그런 논쟁이 없어졌다. 그렇게 야쿠시마는 변하고 있단다.

"야쿠시마는 관광지로 보면 후진국이다. 선진국을 따라가려고 한다. 잘하는 곳을 벤치마킹했을 때 과연 그런 모방이 야쿠시마에 도움이 되겠는가. 야쿠시마에만 있는 것을 해야 한다"는 효도 마사히루. 그는 확신한다. "제주도는 제주도다운 것, 야쿠시마는 야쿠시마다운 것, 그것이 생명이죠."

자연의 혜택을 입은 삶에는 절제와 겸허가 반드시 필요하다는 그에게 세계자연유산의 섬, 제주도에 해줄 충고의 말을 요청했다.

"방심하지 마세요. 방심하면 엄청난 일을 겪게 될 것입니다. 인터넷 세상이니 뭐든지 순식간에 확 퍼지는 시대죠. 생각지도 못했던 일이 일어날 수도 있습니다." 경제냐, 가치냐 하는 문제는 지금 긴장해서 해결하지 않으면 안 된다는 것이다.

한 예로 2009년 8월, 개기일식을 잘 보려고 전 세계로부터 수많은 관광객이 야쿠시마에 밀려왔다. "다행히 비가 와서 우려했던 일이 일어나지 않았지만 정말 큰일이 날 뻔했습니다." 세계자연유산의 이름값을 톡톡히 치뤘다는 것이다.

야쿠시마, 생명력 넘치는
지구 축소판

"야쿠시마는 많은 생명의 힘이 넘쳐나는 곳이죠. 바닷속의 해초부터 산 정상에 있는 풀까지. 그것들이 연쇄적으로 반응을 일으키면서, 하나의 유기체처럼 움직이는 지구의 축소판 같은 섬이라고 할 수 있습니다."

같은 섬이지만 야쿠시마만 갖고 있는 것은 무엇일까? "야쿠시마에만 있는 것은 아무리 찾아도 없습니다. 야쿠시마에 없는 것도 없습니다. 도처에 넘쳐나고 있어서 고유한 게 없어요. 그런데 야쿠시마엔 모든 것이 다 있습니다. 산도 있고, 산과 산 사이로 강도 흐르고, 바다도 있죠. 아주 작지만 조화롭습니다. 철도가 없잖냐 하는데 산 정상까지 기차는 아니지만 물건을 거기까지 올리는 데 사용하는 레일이 있습니다." 야쿠시마보다 더 괜찮은 자연이 야쿠시마를 떠나면 얼마든지 있지만 산·강·바다가 잘 조화를 이룬 곳은 야쿠시마밖에 없다는, 낮지만 확신에 찬 얘기다.

조용하던 섬이 세계자연유산으로 등재된 이후 달라진 점이 있지 않을까? "예전에는 야쿠시마가 어디에 있는 섬이냐 물었을 때 포르투갈 난파선이 들어왔을 때 처음 일본에 총이 전래된 다네가시마 옆에 있는 섬이다 하면 사람들이 알았습니다. 지금은 오히려 다네가시마 사람들이 밖에 나가면 야쿠시마 옆에 있는 섬이라고 해야 할 정도로 야쿠시마가 알려졌죠."

1960년대만 해도 그곳 사람들은 도회지로 나가고 싶어 했다. 지금은 고등학교를 졸업한 뒤에도 절반 이상이 섬에 남는다. 그리고 60대 이상 고령자가 40퍼센트다. 예술가, 문학, 재즈연주자, 일본의 유명한 예술인들이 야쿠시마를 찾거나 거기서 산다.

'원시림을 후손에게 물려줘라'
운동에 나서

어려서 수의사가 되고 싶었던 소년은 야쿠시마에서 고교를

제주 원시림, 곶자왈

'곶자왈'은 숲을 뜻하는 제주 사투리 '곶'과 자갈을
뜻하는 제주 사투리 '자왈'을 합쳐 만든 글자로
화산이 분출할 때 점성이 높은 용암이 크고 작은 바위
덩어리로 쪼개져 요철(凹凸) 지형이 만들어지면서
나무, 덩굴식물 등이 뒤섞여 원시림의 숲을 이룬 곳을
이르는 제주 고유어다. 제주의 동·서·북부에 걸쳐
넓게 분포하며, 지하수 함량이 풍부하고 보온·보습
효과가 뛰어나 북방한계식물과 남방한계식물이
공존하는 세계 유일의 독특한 숲으로 알려져 있다.

졸업, 도쿄로 유학을 떠난다. 경제학부 학생이던 젊은 그를 야쿠시마가 불러낸 것은 어느 대학 축제장이었다. 고향 야쿠시마의 사진이 전시되어 있었다. 순간 격렬한 전율이 흘렀다. 그러나 섬의 사진과 조사 보고 끝에 실린 학생들의 의견이 그를 천렁거리게 했다. "야쿠시마의 자연은 매우 훌륭하고 이를 후세에 물려주기 위해서는 가능한 한 인간과의 관계를 단절해야 하며, 그러기 위해서는 이 섬에 살고 있는 사람들을 섬 밖으로 이주시키는 것이 최선이다." 감동은 순식간에 분노로 바뀌었고, 그는 귀향을 결심한다. "환경운동, 굉장히 절박하다고 생각해서 시작했습니다. 뭐든 제대로 하려면 절박감을 느껴야 합니다."

1950년대 야쿠시마의 산은 종이 원료인 펄프를 공급하기 위해 자꾸 민둥산이 되어가고 있었다. "섬의 가치를 왜 섬 밖에서만 얘기하는가. 섬사람들이 생각하고 발언해야 한다." 1972년, 10년 동안 다닌 직장을 접고 고향 출신 아내와 함께 귀향했다. 적극적인 발언을 하기 위해 1978년 마을 의회 의원으로 입후보해 당선된 뒤 8년 동안 '튀는 의원'으로 활동한 것도 순전히 섬을 지키기 위해서다.

미래 세대를 위한 산학교, 아이들의
원시 체험

"앞으로는 우리 한 사람 한 사람이 우리 섬으로부터 지킴을 받는 모임, 요컨대 섬이 우리를 지켜준다는 방향에서 살아가는 길밖에는 없다고 생각합니다."

사슴과 원숭이가 뛰어노는 원시림의 야쿠시마, 원시의 시간을 불러내는 그는 이제 '산학교21' 교장이다. '산학교'는 뭘까? "옛날에는 학교 가기 싫으면 산에 놀러 갔죠. 아이들을 철저하게 놀게 해보자. 밖에 나가지 않는 애들을 밖으로 내보내야 합니다. 걔들은 불 때는 것도 모르고, 물고기 잡을 줄도 모릅니다."

왜 그런 게 이 시대에 필요할까? "지금 아이들이 미래를 짊어져야 하니까요. 결국은 애들한테 우리를 맡겨야 하니까요." 야쿠시마가 살기 위해서는 그런 것을 알아야 한다는 것이다.

칼로 나무 깎는 것도 전혀 할 줄 모르는 요즘 아이들, 그런 아이들을 위해 탄생한 것이 '산학교21'이다. 이 학교에서 하루 20여 명의 아이들이 매트 한 장으로 빛이 안 들어오는 곳에서 따로따로 생활하며 1박하게 된다. 산에서 열매를 따건 어떻게 하건, 바다에 가서 소금 만드는 것도 말로만 가르쳐주고 나머진 자신이 알아서 궁리해야 한다. 자원봉사 지도자는 1대1로 관찰하고 지도한다.

제주와 야쿠시마, 닮은 점 많아

그에게 제주도는 매일 일기예보에서만 듣던 섬이었다. 그런데 이번에 직접 한 바퀴 돌아보니 아주 큰 섬이었단다. 제주돌문화공원의 검은 돌, 돌담은 굉장히 인상적이었다. 그리고 제주4·3은 이전에 조금 알았지만 그를 충격에 빠뜨렸다고 했다. 제주4·3평화공원을 둘러보고 그는 상상 이상의 '쇼크'를 받았다. 그가 가슴 아픈 이유는 또 있다.

"4·3에는 반드시 일본의 잘못이 있었을 겁니다. 배경에는 식민지 시대 일본이 있었으니까요. 그것을 생각하면 더 가슴이 아픕니다. 이 작은 섬에서 3만여 명이 희생됐다는 것은 너무나 충격적인 일입니다. 당시 제주도민 열 명 중 한 명이 희생됐다니…."

그는 이 대목에서 말을 잇지 못했다. 갑자기 표정이 어둡다. 분위기를 바꿨다.

제주도와 야쿠시마는 섬의 개방성이란 점에서 비슷하다는 효도 마사히루. "바다가 깨끗한 것도 똑같지만 근본적으로 다른 것은 제주는 화산섬이어서 검은 돌인데 야쿠시마는 화강암이라는 점이죠. 제주 사람들의 말씨도 아주 깊은 정이 있어요. 제주 말은, 뜻은 몰라도 어떤 친밀감이 느껴집니다."

무엇보다 어릴 적 간식거리였던 구실잣밤나무나 녹나무 같은 제주의 식물·잡초, 일출봉의 꽃·식생은 그의 고향과 너무나 똑같다. 일본에서는 왕벚나무의 수령이 길지 않은데 한라산이 자생지라는 것도 알았다.

그는 낮에 늘 꿈을 꾸기 때문에 밤에 꿈을 꾸지 않는다 했다. 아이들 같은 마음으로 사는 그가 꾸는 꿈은 뭘까? 그 꿈 중 하나는 야쿠시마의 많은 녹나무에서 추출한 천연 재료를 이용해 살충제를 만드는 것이고, 또 하나는 약용식물 연구다. "한라산이든 야쿠시마든 약용식물에 관한 연구가 앞으로 인류를 구하는 데 일조할 것입니다."

느리게 사는 것은 이상일 뿐 그는 정작 분주한 삶을 사는 것은 아닐까? "사람은 아무것도 하지 않을 때보다 바쁠 때 오히려 일이 잘됩니다." 함께 고개를 끄덕였다.

야쿠시마에선 시간이 아주 느리게 흐른다. 시간을 초월한 늙은 삼나무가 산다. 연중 1만 밀리미터 이상 비가 오는 야쿠시마, 언제가 좋을까? "5월! 신록이 우거지니까." 아, 나도 그 7200살 먹은 '성스러운 노인' 조몬삼나무를 뵈러 가고 싶다, 5월이 오면….

효도 마사히루(兵藤雅治)
/   1941년 야쿠시마 출생. 환경운동가, 가고시마 현 환경보전협회 이사, 야쿠시마 도민회의21 대표, 산학교21 대표. 야쿠시마에서 고교 졸업 후 1966년 도쿄의 릿쿄(立正)대학 경제학부 졸업. 1960년부터 10년간 기상청 도쿄 항공지방기상대 근무. 1971년 귀향 후 가업인 목재업을 계승하며 평범한 삶을 살고 있다. 1962년 도쿄에서 '야쿠의 아들 모임' 결성. 1972년 '야쿠시마를 지키는 시민의 모임' 결성. 그를 중심으로 이 단체는 각종 개발 계획에 이의를 제기, 특히 원시 조엽수림대 800헥타르의 나무를 벨 계획이라는 산림청의 방침에 국유림 즉각 전면 벌채금지 운동을 전개, 10년 동안의 실시계획을 백지화시켰고, 이를 계기로 야쿠시마는 국립공원 보호구로 지정됐다. 1978년부터 8년 동안 야쿠초 의회 의원을 지내기도 했다.

오름을 돌아온
낮선 바람결에
두 팔을
벌린다

프랑스 사진작가
레오나르 드 셀바와
태피스트리 작가 클레르 라도
부부

그의 제주 사랑은 1990년 초부터 시작됐다. 수없이 드나들며 제주를 찍었다. 프랑스 사진가로 레오나르 드 셀바처럼 제주를 드나든 이도 드물다. 그는 아시아 여러 나라에서 찍은 사진들 속에 제주 풍경을 담아 넣는다. 태피스트리 작가인 부인 클레르와 예술가 부부이기도 하다. 셀바는 한때 제주도에서 2개월을 살며 사진 작업에 몰두한 적이 있다. 박광수 감독의 최초 한불합작 영화 〈이재수의 난〉 촬영 때였다. 그때 그 차갑게 몰아치던 아부오름의 풍경과 장면들은 지금도 생생하다. 그는 한국 예술가들에겐 고마운 존재다. 영화 촬영이나 예술 활동을 위해 프랑스에 간 한국 사람들에게는 자신의 집을 내주는 등 한국의 문화 예술을 위해서 지원을 아끼지 않는다. 제주도를 사랑하는 그는 부인과 종종 이 화산섬으로 날아온다. 그런 만큼 제주의 눈부신 변화가 한편으론 아쉽기만 하다. 원초적 풍경이 자꾸 사라지는 것 같아서다.

"화산섬 제주도는 냄새부터 달라요."

　제주 아부오름 분화구 위로 나무처럼 인간들이 서 있다. 이를 파노라마로 찍는 사진가의 눈은 파랗다. 부리부리한 눈매, 익살스럽게 이어지는 진지한 표정이 일품인 '한국통' 프랑스 사람. 한때 한불합작 영화의 자막엔 그의 이름이 반드시 올라가 있었고, 프랑스에서 촬영하는 한국 영화는 그의 도움을 받지 않은 영화가 거의 없었다. '프랑스 한국문화원!' 프랑스에 살던 한국 사람들은 그의 집을 그렇게 불렀다. 파리에 온 한국의 예술인들이 항상 모였고, 뭔가 일이 이뤄졌으니, 그 집이 팔릴 때 그를 아는 한국인들이 구명 운동을 하겠다 할 정도였다. 한국을 아는 이가 드물었던 시절, 한·프랑스 합작 영화의 인적 지원과 두 나라 사진 예술을 알게 모르게 이어온 이 사람, 어느 봄날, 예술가 아내와 함께 이 섬에 잠시 체류하면서 향기로운 제주도를 차근차근 찍고 있었다.

한국의 아름다움을 찾는

오랜 여정

젊은 날, 아시아의 홍콩, 마카오, 베트남, 중국 등등 여러 곳을 방랑자처럼 많이 떠돌았다. 그러나 한국처럼 자주 찾은 나라는 드물다. 그만큼 이 섬은 인연 깊은 땅이다.

"88년 서울올림픽의 홍보를 위한 관광 안내 책을 만들기 위해서였죠. 동아시아 세 나라 가운데 한국이 가장 알려지지 않은 곳이어서 한국을 택했어요. 서울에 먼저 왔죠. 언어가 통하지 않아서 엄청 애를 먹었어요." 2주를 그냥 흘려보내고 결국, 세계 공통어인 몸짓언어로 부딪쳤다. "시장에 가면 언어가 통하지 않아도 눈으로 이해를 할 수 있었어요. 아무것도 몰랐지만 달려들었어요. 다들 놀라는 눈빛으로 저를 쳐다봤어요." 키도 크고 눈도 파란 거구의 외국인이었으니 당시만 해도 당연한 반응이었다.

어쨌든 프랑스 사람들에게 알릴 수 있는 한국의 아름다움을 찾아서 그는 휘적이며 다녔다. 2, 3주 어슬렁거리며 다니다 처음으로 프랑스어를 아는 사람을 만났다. "서울 프랑스문화원에서 영화를 담당하던 박건섭 씨였어요. 영화 대사처럼 프랑스어를 하는 그 사람을 만나면서 사람들과 연결이 됐지요. 그때 한 달 반 정도 있으면서 사람들도 만나고 한국 문화를 접했어요." 이후 한국 사람들과 친구가 됐고, 한국병을 앓게 됐다 했다.

그러다가 운명처럼 또 다른 인연이 제주도와 엮이게 했다. 우리나라 대표적인 선(禪) 화가인 수안 스님의 서울 전시회를 찾은 그에게 스님이 제주도 목석원을 꼭 찾아가 보라고 권유했다. "목석원 정원이 정말 맘에 들었어요. 저 역시 도시에 사는 사람이지만, 사람이라면 누구라도 자연을 좋아하잖아요. 자연을 향하는 것은 인간한테 필요한 덕목이지요. 처음 만난 목석원 주인 백운철 원장과는 말이 통하지 않았지만 밤새 백 원장이 직접 찍은 사진들을 골라내는 작업을 도와주면서 어떤 교감을 느꼈어요."

바다가 좋아, 제주 갈 때는 배 타고
느릿느릿

"저는 바다를 좋아해요. 한국에서 제주도는 유일한 화산섬인데 육지 냄새와 전혀 다른 독특한 향기가 있어요. 다들 비행기 타고 빨리빨리 오는데 우린 바다를 좋아해서 배를 타고 왔지요." 일상에서 벗어나 여행하는 것을 좋아한다는 사진가. 최초의 한불합작 영화 〈이재수의 난〉을 찍을 때는 아예 제주도에서 두 달 동안 머물렀다.

"〈이재수의 난〉은 1901년 실제 일어난 천주교인과 제주 주민들 간의 충돌 사건을 다뤘어요. 농민 봉기를 주제로 한 이 영화를 준비하면서 이 섬의 아주 강한 정신문화를 느낄 수가 있었어요. 대륙에 비해 강한 섬의 정신을 느꼈죠. 제주도에 가톨릭이 처음 들어갈 때 마찰하고 부딪쳤지만 지금은 프랑스 시골보다 성당이 더 많아졌네요."

그가 찍은 스틸 사진집은 그때그때 영화의 한 장면을 떠올리게 한다. 영화에서 포착하지 못한 장면이 나오기도 한다. 가령, 〈그 섬에 가고 싶다〉 촬영 로케이션 때, 전남의 어느 섬으로 스태프와 배우들이 배를 타고 이동하는 장면부터 시작해서 촬영 카메라와 부수 기재를 나르는 모습, 촬영과 촬영 사이에 짬을 내서 잠시 쉬고 있는 배우들과 무언가를 골똘히 생각하는 듯한 감독의 표정 등도 포착됐다. 배우 안성기가 어느 항구 근처를 걷고 있는 자신의 모습이 찍힌 사진 옆면에 20자 내외로 쓴 글귀도 보인다. "나는 이 사진에서 40년 전 내 아버지의 모습을 본다."

그의 사진 작업은 10대 때인 1950년대부터였고, 직업으로서는 1968년부터다. "젊었을 때는 사진으로만 살 수가 없었어요. 빵 살 돈도 벌어야 했으니까요. 하지만 월급쟁이로 복종하며 살 수가 없어서 직업 사진가로 독립했어요." 사진 인생 40년을 넘긴 그에게 사진이란 그냥 삶의 일부분이다. 어려서부터 카메라를 장난감처럼 여겼으니 사진이 그의 삶 그 자체라 해도 과언이 아닐 것이다.

제주 오름의 라인은
매혹의 곡선

그가 찍은 제주 오름 사진은 그야말로 선의 미학이 드러난다. 그는 사진에서 선을 중요시한다. 제주도 오름의 라인이야말로 매혹적이다. 갈수록 그 곡선이 전봇대나 빌딩으로 가려지는 것이 아쉽다는 셀바.

제주 중산간 마을에서 내려다본 제주의 오름
아득히 보이는 제주 바다까지 수없이 많은 오름이 솟아 있는 모습은 제주의 독특한 자연을
말해주고 있는 듯하다. 언덕이라 하기에는 높고 산이라 하기에는 낮은, 마치 제주 신들의
무덤처럼 제각각의 모습으로, 자칫 황량해 보일 수 있는 제주의 벌판을 따뜻한 곡선으로
채워주고 있다.

산봉우리의 분화구가 마치 달처럼 둥글다 하여 이름 붙여진 다랑쉬오름

그는 선과 선의 풍경에서 도시와 시골의 모습을 읽는다. 그러나 사진을 찍어보면 한국적인 스카이라인이 점점 잘려나가는 것이 보인다. 그럴 땐 한국을 사랑하는 이방인으로서, 사진가로서 안타깝다.

"사진을 찍을 때 보면, 원래 자연은 곡선이고 조화로운데 도시의 선은 전부 직선으로 공격적이고 날카롭습니다. 부드러웠던 선이 도시의 건축물로 잘리는 거예요. 경복궁은 역사적인 궁인데도 라인이 이렇게 잘려나가는 거예요. 도시의 인간이 건조하게 만들기 때문이죠. 우리는 자연과 조화롭고자 하지만 도시라는 곳은 시대에 상관없이 전부 다 선이 공격적인 직선이고 수직으로 솟구치기만 합니다. 물론 지금 시대에 저도 도시에 살고 있지만 초현대식 도시엔 살고 싶지 않습니다. 경제가 급성장하면서 한국의 유물이 많이 파괴됐잖아요. 파리 중심가 건축을 보면 굉장히 조화롭습니다. 서울은 보기에도 아름답지 않고 지내기에도 편안하지 않습니다."

제주의 곡선을 망치는
수직 건축물

　　　　그렇다면 그의 렌즈에 비친 제주도는 어떤가? "처음 왔을 때 제주도는 호텔이 그리 많지 않았는데 이제는 많이 달라졌어요. 내가 너무 늙었는지 모르지만 신도시 분위기로 너무 빨리 변하고 있어요. 건축물, 정말 맘에 안 들어요. 저는 옛날 집이 맘에 들었어요. 지금 제주도는 관광 섬이 됐어요. 저는 관광객으로는 오고 싶진 않아요. 프랑스도 마찬가지로 남부 해안가는 사람들이 바글바글하고 아름답지 않아요. 어제 제주도 바다를 봤는데 낚시하는 사람도 있고, 낚싯배도 있고…. 그런데 지금은 프랑스 해안가엔 낚시꾼을 볼 수 없어요. 지금 우리가 살고 있는 시대에 두 가지가 사라지고 있는데, 농민하고 유목민이에요. 전 농민을 좋아하고, 유목민이 되고 싶은 사람입니다."

그는 1990년대 초반부터 우도, 추자도, 마라도, 차귀도 등 섬을 둘러

봤다. 우도에서 한가롭게 노닐던 말과 인간의 조화로운 풍경은 그야말로 인상적이었다. 제주도의 섬은 한꺼번에 몰려왔다 몰려가는 바람의 섬이었다. 그에게 제주도다운 것은 어떤 것일까? "가령 제주돌문화공원은 제주다운 신화가 될 수 있다고 생각해요. 딴 사람들은 다 돈 벌러 가는데 유물을 모았으니 훌륭하죠. 그건 굉장히 중요한 일이에요. 제주도는 돌의 섬입니다. 공원을 잘만 가꾸면 신화가 될 수 있어요. 이스터 섬의 거대한 석상이 어디서 왔는지 모르지만 유명하잖아요."

제주도는 예전에 신혼여행 때나 올 수 있었던 이상향이었는데, 이제는 보편적인 관광지가 됐다. "육지 사람들 중에는 제주도에 집 사는 사람 많겠죠. 프랑스 남부 해안가도 정말 아름다웠는데, 사람들이 자꾸 와서 집도 짓고 그러다 보니 자연이 깨져버렸어요. 제주도도 마구잡이식 건축으로부터 보호를 해야 할 거예요. 변화는 어쩔 수 없는 일이라 해도요."

사람을 그리는 태피스트리 작가,
아내 클레르

그의 아내 클레르 역시 헝가리 태생 예술가다. 태피스트리 (tapestry, 다채로운 선염색사로 그림을 넣은 직물) 작가인 그녀의 작품 주제는 사람이다. 그 이유는 단순 명쾌하다. "사람이 있기 때문에 아름답다." 그녀는 프랑스에 오랫동안 살고 있는 한국인 예술가들을 대상으로 인터뷰를 진행해왔고, 기록하는 작업도 동시에 한다.

그녀는 왜 이들이 프랑스까지 와서 사는가, 왜 자기 나라를 떠나서 살고 있는가가 궁금했단다. 그녀의 기록 방법은 특이하다. 사람을 찍고 질문한 뒤 사진 뒤에다 직접 그들 스스로 답을 쓰게 한다.

질문 하나, 프랑스에 살면서 무엇이 부족했나? 질문 둘, 프랑스에 살면서 한국의 무엇이 그리운가? 이렇게 질문을 던진다. "글을 쓸 때는 몰입하면서 쓰기 때문에 찍는 자와 찍히는 자의 역할이 더 깊어지는 겁니다."

이민 간 사람들은 어려웠던 순간의 이야기가 있을 것이다. 외국인들은 체류증이 필요하고, 불편한 게 많을 것이다. 그녀는 그런 것에 호기심이 갔다. 이는 이동해간 나라에서 살면서 무엇이 자신을 다르게 만들었는가를 찾는 작업이다. 다음 작업까지 준비해놓고 있다는 그녀. "나중에 한국에 돌아갔을 때는 프랑스에 대한 향수, 그리운 것이 무엇이며, 무엇이 한국을 떠나게 했는가, 어떻게 자기 나라를 떠나서 살 수 있는가, 같은 것을 묻죠. 또 역으로, 한국에 온 프랑스 사람들을 찍어서 무엇이 한국에서 살게 했는가를 묻는 거예요. 네 컷을 연달아 찍어요. 거기서 사람의 움직임이 다 보이죠."

한국과 프랑스에서 각각 열세 명씩을 인터뷰할 예정인데 프랑스에 사는 한국인 열세 명의 인터뷰는 이미 마쳤고, 한국에 사는 프랑스 사람은 여섯 명을 인터뷰했단다. 이 작업을 다 끝내면 그녀는 전시회도 열 생각이다.

한국의 한지에 사진 작업
하고 싶어

　　　　레오나르 드 셀바의 고향도 바닷가다. 프랑스의 서쪽 끝, 비스
케이 만과 영국해협 사이에 솟아나온 삼각형의 반도, 켈트족 문화가 살
아 있는 브르타뉴가 그의 고향이다. 유럽의 연결 라인에 있는 곳으로 질
좋은 소금이 나오는 고향을 소개하기 위해 그가 지도를 꺼내 든다.

　"제주에선 일출을 보러 동쪽 성산포 바다로 가잖아요. 그게 신기했어
요. 브르타뉴에선 바다에서 해가 떠오르는 것을 본 적이 없어요. 해가 지
는 것만 봤죠. 그러나 제주 바다에선 해가 지는 것도 해가 뜨는 것도 모
두 볼 수 있어요."

　어린 시절 부모는 굴 양식을 했다. 부양할 자식이 늘어나면서 아버지
는 가족을 데리고 도시로 가서 공무원이 되었다. 그는 3남 5녀 가운데
셋째다. 그의 형제들은 화가, 민속학자, 건축학자로 활약하고 있다.

　하고 싶은 일을 하는 지금이 좋다는 레오나르 드 셀바. "80년대는 일
로서 사진을 찍었지만, 지금은 찍고 싶은 것을 자유롭게 찍어요. 그런데
그 사진은 팔리지 않아 서랍에 있습니다. 지금은 하나의 시도일 뿐이지
요." 한국의 멋진 종이, 한지에 자신의 사진을 프린트하고 싶단다. 한지
작업은 어렵지만 꼭 그러고 싶은 그는 그 생각만으로도 지금 행복하다.

　그의 삶에 함께한 친구들의 나라, 한국병·제주도병을 그는 오래 앓아
왔다. 그에게 제주도는 낯선 여행지가 아니다. 카메라를 메고 제주도의
이곳저곳을 홀로 돌고 돌아도 전혀 낯설지 않은 익숙한 곳이다. 오름을

돌아온 낯선 바람결에 어느새 그가 팔을 벌린다. 마치 고향의 언덕에 오른 사람처럼….

레오나르드 드 셀바(Laonard De Selva) 사진가. 1942년생. 프랑스 브르타뉴 출생. 프랑스의 사진 갤러 / 리 '따빠보' 화랑을 만들어 운영했다. 정규 학력은 의무교육만 받았을 뿐 인쇄소에서도 일했고 출판사 기획으로 세계 여러 나라의 사진을 찍으며 여행했다. 사진 학교에서 사진을 배웠고, 언론사에서 일을 하기도 했다. 도서관 등 역사적인 장소와 옛날 서류 같은 것을 많이 찍었다. 지난 1986년 아시안게임 때 출판사의 요청으로 한국 관광 홍보 사진집을 준비하기 위해 처음 한국에 왔다. 이후 영화계와 줄이 닿아 한불영화 합작 땐 프랑스에서 도움을 아끼지 않았고, 영화 촬영 과정을 담은 스틸 사진 모음집들을 냈다. 〈이재수의 난〉, 〈베를린 리포트〉, 〈그 섬에 가고 싶다〉, 〈인샬라〉 등의 촬영 현장을 카메라에 담았다. 스틸 사진들로 서울 프랑스문화원에서 전시회를 열고, 사진집을 출간하기도 했다. 2013년 10월 제주돌문화공원 오백장군갤러리에서는 '현대 태피스트리의 곡예사'라는 평가를 받고 있는 부인 클레르 라도의 태피스트리 초대전이 열렸다.

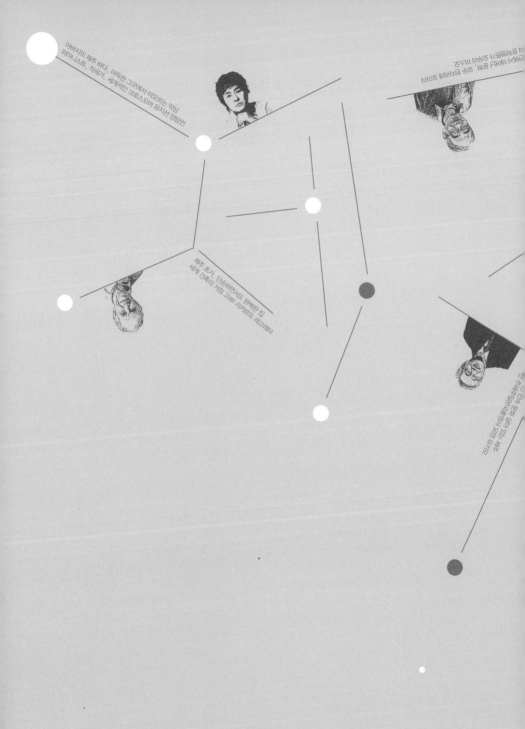

2장

제주의
문화에 매료된
사람들

아버지의 제주 바다, 아득한 그곳에서 떠오르는 악상

피아니스트, 작곡가,
세계적인 크로스오버 뮤지션
양방언

제주도는 아버지가 그토록 그리던 고향이다. 소년 시절 고향을 떠난 재일 1세 아버지는 술만 마시면 고향의 푸른 바다를 그리워했다. 자식들에게 고향 협재 앞바다에 둥둥 떠 있는 어여쁜 천년 섬, 비양도를 자주 이야기하곤 했다. 아버지가 세상을 뜬 후 제주를 찾은 것은 1998년. 세계적인 크로스오버 아티스트 양방언, 그는 그때 제주 바다 아득한 곳으로부터 어떤 소리를 들었다. 그때의 강렬한 영감은 하나의 노래가 되었다. 그렇게 처음으로 제주를 담은 곡 '프린스 오브 제주(탐라의 왕자)'는 세상에 나왔다. 이후 물밀 듯이 한국 무대에 섰고, 제주에서의 공연과 강연이 마련됐다. 2013년 제주돌문화공원에서 그가 제주를 향해 두 번째로 작곡한 '해녀의 노래'를 선보였다. 제주 작가 현기영이 작사하고 그가 붙인 곡은 경쾌한 선율로 호응을 얻었다. 2014년에도 〈양방언의 제주 판타지〉 총감독을 맡아 다양한 장르의 뮤지션이 참여하는 독특한 장을 연출하기도 했다.

그는 제주에서 깊은 영감을 받는다. 알면 알수록 깊은 매력에 빠진다. 제주도는 그에게 아주 특별한 곳이다. 제주의 유전자 탓일까. 자신의 뼛속까지 흐르는 뜨거운 감성의 지류, 그 근원을 감지한 것은 아버지의 바다 앞에서였다. 술만 마시면 아버지는 고향 협재 바다를 사무치게 그리워했다. 그 바다 앞에 떠 있는 화산덩이 천년 섬, 비양도는 가슴에 한 폭으로 얹힌 또 하나의 제주도였다.

아버지는 해녀들이 건져 올린 해산물들, 싱싱하고 담백한 생선의 맛을 떠올리곤 했다. 다감한 감성의 소년이었던 아들은 아버지의 바다를 만나고서 아버지를 더 이해하게 됐다고 했다.

경계의 재일동포 음악가 양방언, 그의 시선은 오래도록 제주 바다로 향했다. 밀려오는 파도의 푸른 힘이 그의 마음을 움직이기 때문일까. 동서양, 전통과 현대를 아우르고, 장르와 장르를 초월하는 음악으로 사람들은 그를 한곳에 머물지 않는 역동적인 뮤지션, 당대의 뉴에이지 음악가라 말한다.

공연을 위해 제주를 찾은 그를 만났다. 맑은 감성이 뚝뚝 흐르는 이 음악가, 내내 소년 같은 미소로 답했고, 경쾌했다. 그가 걸어가는 음악의 길은 늘 두근거리는 미지의 길이다. 그는 새로운 도전을 두려워하지 않는다. 재미있기 때문이다. 그리고 그는 늘 그가 낸 길을 향해 간다. "그는 구불구불한 소나무가 아니고, 단정한 단풍나무다. 그의 인생과 음악은 소나무와 단풍을 지나 깊은 숲 속으로 향하고 있다." 그의 인품에 반했다는 사진가 배병우의 말이다. 반듯한 한국어로 말하는 그와 나눈 대화 속에서 그가 살아온 세계의 질감이 느껴진다.

협재 앞바다 아버지의 섬,

비양도

그의 아버지가 그리던 바다에서 그는 무엇을 보았을까? "맨 처음 본 제주 바다에서 자연스럽게 악상이 떠오르면서 보였어요. 들렸다기보다 작품의 모습이 선명하게 보였죠. 서귀포 중문 정원에서 바다를 마주할 때였어요. 아주 신기했죠. 바다에서 불어오는 바람이 기분 좋았고 반가웠어요. 그때 그 바닷바람에 큰 힘을 얻은 거죠."

아버지로부터 물려받은 DNA를 숨길 수 없었던 걸까. 제주 바람과 함께 제주 바다를 건너온 '탐라의 왕자'는 그렇게 탄생했다. 1998년 6월 어느 날, 그 노래는 웅혼한 제주 바다가 품어내고, 제주 신화가 빚어낸 노래가 되었다.

그가 국적을 조선에서 한국으로 바꾸고 난 후 비로소 만난 아버지의 고향 마을 한림읍 협재 바닷가는 상상했던 것보다 더 아름다웠다. 쪽빛으로 출렁이는 바다가 가슴을 쳤다. 아버지는 이따금 협재 바다가 얼마나 아름다운지를 이야기했다. 그 바다 앞엔 풍경화 한 폭처럼 뜬 섬 비양도가 있다고. "아, 아버지가 말씀하시던 비양도를 드디어 만났구나 하는 느낌이었어요." 그토록 오고 싶어 하던 아버지의 바다 앞에 그 아버지만큼 자란 소년이 섰다.

"잊지 마라, 한국 사람임을,
제주도를"

　　　"기본을 잊지 마라. 한국 사람임을 절대 잊지 마라. 잊지 마라! 제주도를. 우리말을 해야 한국 사람이다." 어려서 제주해협을 건넜던 아버지는 언제나 그랬다.

"교육에 대한 열정도 컸죠. 많이 공부해서 밖으로 나가라고 하셨죠. 우리는 지금 일본에 살면서 공존, 공생해야 한다. 자기들만 좋으면 안 된다. 그런 점에서 아버님께서는 의사가 되어 동포들한테는 무조건 잘해주셨죠. 그것을 일본 사회, 일본 사람들한테도 잘 돌려줘야 한다, 그래야 우리들도 같이 살아갈 수 있다, 하고 강조했어요."

치과의 자격을 얻은 직후 다시 의과대학에 들어간 아버지는 재일 한국인 2세들을 위한 민족학교인 조선학교 설립의 중심인물이었고, 가난한 지역 주민들에겐 무상 진료를 한 참의사였다.

"아버지는 차별이 심하던 일본에서 전문직의 길로 가면 일본 사회에서 공존할 수 있겠다. 그 공존 위에서 밖으로 나갈 수 있다. 그런 생각이 좀 강했다고 생각해요. 아버지는 일본 사람들한테도 잘해줬어요. 그런 모습을 보면서 자란 것이 말로 듣는 것보다 훨씬 더 가슴에 와 닿았다 할까, 그래요."

어린 양방언에게 제사 때면 들려오던 아버지의 투박한 제주도 사투리는 강렬했다. 이국의 언어 같기도 했다. 그런 아버지의 고향, 그 섬의 아픔까지 이해하고 싶었다. "아버님도 제주4·3에 대해서는 공부해서 알아보라고 했어요."

양방언의 가슴속에는 커다란 구멍이 하나 있다. 아버지는 클래식 음악에 깊이 빠져 있던 다섯 형제를 의사나 약사로 키웠다. 양방언 역시 의사가 됐다. 그럼에도 가슴 한쪽에서 자라고 있는 음악에의 열망은 어쩔 수 없었다. 소년 시절부터 마력처럼 사로잡았던 음악가의 길은 조금도 옅어지지 않았다. 아버지의 뜻에 따라 의사가 된 궁극의 지점은 음악의 길로 가기 위한 것이었다. 그건 아버지의 뜻과 다른 길. 결국 자신과의 싸움 끝에 결론을 내려야 했다. 이쪽 길과 저쪽 길 사이에서 아버지와 갈등하다 결국 집을 나왔고, 홀로 음악의 길을 갔다. 그 때문에 아버지의 임종을 지키지 못한 불효자가 되었다.

경계의 음악가 양방언(가운데 아코디언 연주)

그에게 제주도는 한없이 밝고 투명하고, 빛나는 섬이다. 태어나 자란 곳은 아니지만 어쩔 수 없이 그의 핏속에는 제주의 민요가 흐른다. 그러기에 제주도 색감이 오래도록 지켜지기를 희망한다. 그는 국가를 넘어 세계와 소통한다. 자신의 음악이 누군가에게, 또 무엇인가에 도움 주기를 희망한다.

도대체 그의 가슴을 뒤흔든 음악은 어떤 것이었을까? "저는 다른 사람들보다 더 세게, 깊게 밴드 음악에 빠졌던 것 같기도 해요. 당시는 음악을 한다, 밴드를 한다는 개념이 없었어요. 아버진 밴드 한다는 것을 밖에서 절대 한마디도 하지 마라 했죠. 클래식이면 좋은데 밴드를 한다는 것은 있을 수 없는 일이었어요."

재일동포 경계인, "비극은 아니다"

"못된 아들이었죠. 음악을 한 것은 후회 없지만 아버님에 대해선 미안함, 아픔이랄까, 있죠. 제 안에도 아픔이 있어요. '그래도 의사의 길이 내게 맞는 인생이 아니다, 그러니 진짜 내 길, 음악으로 가자.' 그런 결단을 내렸을 때는 오히려 상쾌했어요. 그때까지는 너무나 고민이 많았어요. 졸업해서 의사 면허 받았을 때 바로 음악으로 갈까, 의사로 갈까, 언제나 고민만 하고 있었어요. 음악을 하기로 결정할 때는 큰 것을 희생해야 했지만, 한편으로는 제 영혼이 해방된 거예요. 다 좋은 것은 없어요, 인생이란. 이쪽을 희생한 만큼 보답할 수 있는 것을 해야 하죠."

고향은 고향이지만 자신이 태어난 곳이 아닌 아버지의 고향, 제주. 그에게 재일동포란 어떤 존재일까? "당연히 경계인이죠. 이쪽도 아니고 저쪽도 아닌, 집시에 가깝다고 생각할 때도 있어요. 우리의 영혼이 어디에 있나 하는 거죠. 아마 많은 재일동포가 그런 부분에서 당연히 고민하고 있을 거라고 생각해요. 어디서 왔는지, 어디 있는지 하는 것 말이죠."

그러나 그는 그것이 비극적이면 안 된다고 생각한다. 이것이 당대 뉴에이지 음악가로 불리는 그의 힘일까? "그런 차별이나 혼란도 자기 자신이 비극적으로 생각하면 그 순간 다 비극적으로 가는 거예요. 물론 제 성격일 수도 있지만, 저는 그렇게 생각 안 해요. 다른 쪽으로 생각해보는 거죠. 사실 제 주변에 그런 사람들이 많았어요. 제 생각을 얘기하면 싸움이 돼버려요. 차별과 정체성 혼란에 빠져 고민하고 마음 아파하는 사람도 많아요. 저도 어쩔 수 없죠. 그것은 그 사람 인생일 뿐, 제가 그렇게 살지 않는다면 오히려 경계인의 정체성을 긍정적인 힘으로 바꿀 수도 있지 않을까 생각했어요."

걷는 제주, 차로 가는
제주와 달라

한국 무대에 등장한 뒤 10년. 그의 공연엔 수많은 팬이 열광한다. 제주를 오가며 작업하는 일도 꽤 있다. 영화 〈천년학〉 촬영 땐 제주 오름에도 올랐다. 그에게 제주도는 어떤 섬일까?

"올 때마다 인상이 달라요. 용눈이오름 같은 곳은 역시 제주도의 깊이라 할까, 그런 게 느껴지지요. 우리가 모르는 제주도가 참 많구나, 좀 더 알고 싶게 만드는 매력이 있죠. 사람들과 제주 올레길을 걸었는데 재미있었어요. 팬들과 바닷가를 걸었는데 아주 즐거웠어요. 차로 다니며 보

아버지의 바다, 협재 앞바다에서 바라본 비양도

는 것하고 걸으면서 보는 제주도는 전혀 다르죠. 걸으면서 많은 추억과 새로 만나기도 하고, 많은 분하고 이야기도 나누어서 정말 좋았어요."

그가 만난 제주의 깊은 매력 속엔 토속적인 제주 신화가 있다. 언젠가 훌륭한 감독이 제주도 신화를 아주 멋진 애니메이션으로 만들어내리라 생각한다. "그러면 세계화되는 거예요. 현대적인 기술을 구사해서 아주 예쁘고 멋있게 만드는 거죠. 그것을 나라에서 지원하는 게 아주 중요한 일이라고 생각해요. '소녀시대' 지원 안 해도 되니까 이런 데 지원했으면 좋겠어요. 당연히 오락도 필요하지만, 좀 더 본질적인 부분이랄까 우리들과 가까운 문화 상품이 필요해요. 그러려면 우리 속에 있는 것을 더 잘 표현하는 것이 중요하지 않을까 생각해요."

"내 음악이 누군가, 또 무엇인가에
도움 주길"

바람처럼 자유롭고 섬세한 감성을 지닌 양방언. 그는 무겁고 어두운 현실도 부드럽게 바꿀 수 있어야 한다고 생각한다. 예술의 힘이란 그런 건가. 그가 만든 '해녀의 노래'도 그런 이미지다. 해녀들의 희로애락 가운데 긍정적인 면을 많이 살렸다. 힘들고 어렵지만 밝고 경쾌하게 나갈 때 해녀들의 힘이 더 드러난다고 봤다. "제약 없이, 스스로 결정해나가는 것이 중요하다고 생각해요. 그런 무대가 있다면 바로바로 오를 수 있죠. 사실 홍콩이나 북경이나 제약 없이 오르고 싶은 무대가 있으면 어려운 조건에서도 자유롭게 날아갔죠. 그럴 때마다 우리나라 하늘을 지나면서 언젠가 여기에 올 수 있을까, 이곳에서 활동하고 싶다 생각했어요. 그런데 지금 여기 있으니, 신기해요."

그는 피아노를 주로 다루지만 하프와 만돌린 등 20여 가지 악기를 손수 만지며 여러 민속음악을 버무려낼 줄 안다. 그는 우리의 사물놀이가 내는 신명나는 가락에 매료돼 그의 음악에 끌어들이기도 했다. 동서양의 조화로 끊임없이 창조의 우물을 퍼내는 크로스오버 뮤지션 양방언. 그는 식물이 햇볕, 공기 등 여러 요소를 받아 마시고 크듯 음악도 시간이 지나면 그것이 삶의 자양분이 될 것이라고 확신한다. 그런 의미에서 그는 늘 열린 음악가다. 영상이나 뮤지컬, 애니메이션 같은 프로젝트에 전방위적으로 함께 참여하는 것도 그런 의미에서다.

멈추지 않고 새로움을 모색하는 그의 다음 작품은 뭘까? "뮤지컬이요. 될수록 많은 것으로부터 얻고 싶어요. 그래야 다양한 것이 나올 수 있지요. 중요한 건, 저를 움직이고 있는 것과의 만남을 기대하고 있다 할까, 기다리고 있다기보다는 스스로 먼저 나가요. 제작진도 포함해서 음악을 새로운 사람들과 할 수 있어서 정말 좋아요. 유행가가 안 좋다고 하는 것은 아닌데 관심이 없는 이유는 순간순간 단시간에 음악을 만들고 버리고 그런 게 좀 아쉽다고 생각해요."

그는 국경을 넘어 세계와 소통한다. 아버지가 지어준 자신의 이름자처럼. 그리고 그의 음악이 누군가에게, 또 무엇인가에 도움 주기를 희망한다. 지구에서 유일한 분단국가인 한국의 통일을 위해 자신의 음악이 어떤 역할을 할 수 있었으면 한다.

"통일의 길에 내가 할 수 있는 역할이 있고, 기회가 주어진다면 당연히 그럴 겁니다. 음악으로 역할을 하고 싶어요. 그것도 하나의 계기라고 생각해요."

예측 불가능한 삶 속에서 직진하기도 하고 돌아가기도 한다. 그렇게 달려가다 보면 행운의 좌표도 만날 수 있다는 그는, 인생관도 그의 음악만큼 밝고 긍정적이다. 경계의 음악가 양방언. 그에게 제주도는 한없이 밝고 투명하고, 빛나는 섬이다. 영감이 솟아나는 섬이다. 태어나 자란 곳은 아니지만 어쩔 수 없이 그의 핏속에는 제주의 민요가 흐른다. 그러기에 제주도의 색감이 오래도록 지켜지기를 희망한다.

양방언
/
1960년 일본 도쿄 출생. 전직 의사인 음악가. 니혼의과대학, 도쿄예술대학원 졸업. 제주도가 고향인 아버지와 신의주가 고향인 어머니 사이에서 태어난 재일동포 2세. 일본, 홍콩을 포함한 아시아는 물론 영국, 독일 등 유럽에서 작곡가, 연주가, 프로듀서로 활동. 클래식, 록, 월드뮤직, 재즈, 게임음악 등 장르를 넘어 시대와 세대를 아우르는 세계적인 크로스오버 뮤지션이며, 애니메이션 음악 감독, NHK 다큐멘터리 〈일본과 한반도 2000년〉의 음악으로 큰 반향을 일으켰다. 한국에서는 드라마 〈상도〉의 메인 테마뮤직과 다큐멘터리 〈도자기〉, 〈차마고도〉, 애니메이션 〈천년여우 여우비〉, 영화 〈천년학〉 등의 음악 감독을 맡았다. 저서로 《프런티어, 상상력을 연주하다》가 있고, 유네스코 한국위원회 홍보 대사이기도 하다.

제주 초가,
단순하면서도
완벽한 집

세계 건축의 거장
고(故) 리카르도 레고레타

타는 남국의 햇살 아래 붉은 색조의 건물은 더 눈이 부셨다. 서귀포시 중문관광단지 동쪽 해안. 짙푸른 바다 풍광과 절묘하게 어우러져 있었던 이 건축물은 멕시코 출신의 세계적 건축가 리카르도 레고레타의 유작으로 건축사적 가치가 높은 작품 '카사 델 아구아(물의 집)'. 2008년 제주도에 모델하우스로 지은 이 집은 그의 마지막 작품이 되고 말았다. 제주 송이의 붉은빛, 거무데데한 제주 돌담을 쌓을 때 바람이 숭숭 드나들 수 있도록 자유롭게 낸 트멍(틈) 등 제주 미학을 담은 빛나는 작품이었다. 제주국제컨벤션센터 앵커호텔 콘도미니엄 모델하우스인 이 건축물은 지역민과 그의 건축을 사랑하는 수많은 사람이 보존해야 할 문화유산이라며 행정 당국과 끈질긴 투쟁을 벌였으나 결국 2013년 3월, 불법 건축물이라는 이유로 강제 철거되는 비운을 맞아야 했다. 그는 그의 건축을 위해 다시 제주로 돌아와야 했으나 안타깝게도 2011년 돌연 세상을 떠나고 말았다.

첫눈에 사로잡힌 제주도. 제주 섬에 내려앉는 빛과 바다의 아름다움에 빠졌고, 산이며 자연환경에 매료됐다. 제주 사람들은 파라다이스에 사는 것 같다 했다. 누구나 꿈꾼다, 자신만의 공간을. 어쩌면 인간은 공간을 찾기 위해 늘 응시하는 자가 아닐까. 그 공간은 사람들로 존재하고, 사람들을 행복하게 할 것이다. 그는 멕시코의 세계적 화가인 '디에고 리베라', '프리다 칼로', '페드로 코로넬' 등과 교우하며, 회화와 조각을 건축 공간과 생활 속에서 승화시켰다. '영혼을 다루는 건축가'로 불리는 사람, 현존하는 세계적 지역주의 작가, 세계 건축의 거장, 그는 '리카르도 레고레타'다.

이 건축가의 지향점은 사람들을 따스하게 하는 공간, 행복하게 하는 공간이다. "고향 멕시코의 거리와 마을의 풍부한 빛과 색채, 그들의 삶에서 정서적인 영향을 받았다"는 레고레타. 가장 지역적인 것이 가장 세계적인 것이 될 수 있다는 것을 실현한 이 거장을 만난 것은 그가 국내에 첫선을 보일 제주 중문 '카사 델 아구아' 현장을 찾아왔을 때였다.

공간과 돌의 조화에 비추는 환하고
투명한 빛

　　　　빛과 색의 거장에게 과연 제주도는 어떤 색감이었을까? 단숨에 그를 매료시킨 것은 제주의 빛이었다. "굉장히 환하고 투명한 빛이 제주 섬을 비춘다는 생각을 했어요. 그리고 제주돌문화공원에 큰 감동을 받았어요." 그가 톤을 높였다. 무엇이 그를 감동시켰는지 궁금했다.

　"예전에 돌문화공원이 어떤 형태였는지는 모르겠지만, 중산간 지역이란 공간을 창조적으로 이해한 것에 놀랐습니다. 공간과 돌이 어떻게 조화를 이룰 수 있는지, 또 주변에 있는 나무와 자연환경과 어떻게 잘 조화를 이룰 수 있는지를 제대로 이해하는 분이 조성한 듯하네요. 완벽해요. 박물관을 채워 넣는 일은 굉장히 어려운 작업이죠. 예술적 도전이었을 것이라고 생각했습니다. 그렇게 훌륭한 공간을 만들어낸 것에 축하를 드리고 싶습니다."

　돌의 섬 제주, 지천으로 널린 돌은 밭의 자연스런 경계가 되고, 바다에서는 환해장성이 되었다. 흑룡만리라 했다. 캐도 캐도 끝이 안 보이던 돌밭, 제주 사람들에게 돌은 숙명이다. 화산 땅의 돌에서 그는 벌써 인간과 하나가 돼 살아가는 생명력을 본 것이 아닐까.

제주의 초가

제주의 초가에는 바람 많은 제주도에서 예부터 바람과 싸워온 제주 섬사람들이 대대로
물려받은 생활의 지혜가 담겨 있다. 제주 특유의 돌담으로 울타리를 두르고 지붕은
'새'(띠풀)로 덮은 다음 띠풀을 꼬아서 만든 밧줄로 바둑판처럼 단단히 동여맨 제주의
전형적인 초가는 태풍도 견뎌내는 섬사람의 강인한 정신과 닮은 서민들의 가옥 구조다.
또한 초가 내부의 벽은 흙과 볏짚으로 반죽해 튼튼하고 오래가도록 만들었다.

많은 제주의 신화가 돌에서 연유한다. 제주의 창조 여신 설문대할망 이야기는 듣는 순간 그를 경이롭게 했단다. "완전히 돌문화공원에 빠졌다"는 이 세계 건축의 거장은 그 이유를 이렇게 말했다. "어떤 면에서는 멕시코도 화산지형이기 때문에 정서적으로도 맞는지 모르죠." 먼 지역의 환경과 생태를 이어주는 것은 섬의 바람일 수 있고, 소리일 수 있다. 이처럼 인간과 인간을 연결하는 보이지 않는 고리로 우리는 감정을 공유하는 것이 아닐까.

거장의 눈은 날카로웠다. 바람이 불어도 끄덕 않는 단단한 제주 초가의 놀라운 구조를 그는 한눈에 알아봤다. "단순하면서도 기능을 고려한 완벽한 집이라고 생각합니다. 전통 가옥의 구조에서 돌을 쌓은 것이나 바람을 견디기 위해 지푸라기(짚, 제주의 띠)를 꼬아낸 것이 매우 놀랍습니다." 그는 흙과 볏짚을 반죽해서 내부 벽에 바른 것을 보고 고개를 끄덕일 수밖에 없었다 했다.

제주 사람들은 파라다이스에
산다

레고레타는 두 번째 한국 방문 때 처음 제주를 찾았다. 그는 제주에 오기 전 제주도에 대한 역사나 기후, 지형 등 많은 부분을 열심히 연구했다. 그러나 항상 그렇듯이 글이나 사진이나 정보는 실제를 능가하지 못했다. 제주는 그를 한꺼번에 빨아들였고, 그 역시 제주를 한꺼번에 흡입했다.

"제일 크게 다가온 것은 바다와 땅이 이어진 부분, 점점 갈수록 올라가는 오름의 느낌, 지형적인 것에서 많은 감동을 받았습니다. 주상절리처럼 물과 바다가 만나는 지점에서 생기는 다른 층도 아름답습니다."

환경문제, 건축가·정치인·투자자,
책임 느껴야

아름다운 제주가 현실에서 맞닥뜨리고 있는 문제에도 눈길을 쏟아야 한다는 그는, 전 세계적으로 환경이 위협받고 있는 상황에서 제주도 역시 그 고민에서 비껴갈 수는 없다 했다.

"환경을 해치지 않기 위해서는 아무것도 짓지 않아야 한다고 생각하는 사람도 있습니다. 하지만 사람들이 살아가기 위해서는 집이나 건물은 꼭 필요합니다. 건축가와 건물주는 환경을 존중해야 하고, 자연 앞에서 겸손해야 한다고 생각합니다. 이것은 물론 제주만이 아니라 모든 도시의 문제겠죠. 하지만 가장 책임을 느껴야 할 사람은 건축가와 정치인과 투자자라고 생각합니다. 어떻게 하면 아름다운 공간으로 만들 수 있을까 생각하기보다는 상업적인 도시로 만들어가려고 하는 것이 큰 문제죠. 제주 주민들에게도 환경의 중요성을 일깨워주는 일이 무엇보다 시급합니다."

아버지와 함께한 멕시코 여행에서

깨닫다

　　　일찍부터 멕시코를 사랑한 그의 아버지는 어린 아들과 여행하는 것을 좋아했다. 은행가였던 아버지는 멕시코의 작은 마을부터 아들에게 보여주었다. "너는 멕시코 사람이기 때문에 멕시코를 알아야 한다면서 전 지역을 돌아보게 했죠. 그러면서 자연스럽게 멕시코를 사랑하게 됐어요. 또 거기에 사는 사람들을 사랑하게 됐고, 사람들이 사는 공간이란 게 참 중요하구나, 공간 때문에 사람들이 참 행복해질 수 있겠구나 하는 생각이 솟아난 것이죠."

　그의 건축 철학은 멕시코에서 발원했기에 그의 건축 작품에는 멕시코의 풍토와 전통이 빛과 색채로 서식하고 있다. 전통과 문화를 이해해야만 창조적인 작품을 만들 수 있다는 것을 바로 멕시코 여행에서 그는 깨달았다. 여행은 어린 건축가에게 체험하고, 관찰하고, 공부하는 법을 자연스레 가르쳐주었다.

　그는 5년간 대학에서 건축을 전공한 후 멕시코를 다시 꼼꼼히 여행했다. 자신의 나라를 천천히 만지고, 느끼고, 호흡하고, 알아가는 것에 모든 문제와 답이 있었다. 고향이 그에게 알려준 것은 결코 모방이나 낡은 전통이 아니었다. 비로소 그가 깨달은 것은 근원에 뿌리를 내리면서 자신의 길을 걸어가야 한다는 것과 자신이 살고 있는 시대에 맞는 방식을 찾는 길이었다.

　《건축가들의 20대》(도쿄대 공학부 건축학과 안도다다오 연구실 편·신미원 역, 눌와)를 보면, 1998년 도쿄의 어느 대학 강연회에서도 그는 이 비슷한 말을 했다. "저는 두 종류의 교육을 받았다고 할 수 있습니다. 하나는 지극히 전통적인 방식으로, 학교에 다니는 것이었습니다. 사립 초등학교와 중등학교를 다녔죠. 전통적인 교육과 병행하여 받은 또 하나의 교육은 바로 비공식적인 교육이라 할 수 있는 여행입니다."

"나는 낭만적인 사람, 건축은 열정의 소산"

"그렇습니다. 저는 로맨티스트입니다. 건축 또한 아름다운 예술이라고 생각합니다. 건물 디자인을 통해서 시적인 영감을 떠올릴 수 있다면 행복한 일이겠죠. 건축에서의 빛은 개인이 삶과 환경을 바라보는 다양한 시각을 드러냅니다."

감성이 없는 건축은 건축이 아니라는 건축가 레고레타. "건축물은 그것이 세워진 땅에 속한 사물"이라는 철학대로 그가 만든 집은 열정적이고, 견고하다. 또한 거기에는 강렬한 멕시코 색채가 짙게 깔려 있지만 군더더기가 없다. 인상파 화가의 작품을 떠올리게 한다.

멕시코시티와 칸쿤에 있는 그의 대표작인 카미노 레알 호텔(1968)은 자연과 교감하는 외부 공간, 비례, 색과 빛이 묵시적으로 교감하도록 하는 감성적 공간으로 유명하다. 브라질에서는 사람들이 역동적이고 활동적인 것을 염두에 두었고, 이집트에선 밤에 피라미드에 어떻게 조명이 비쳐지는가를 고려해서 지었다.

"건축은 사람들에게 행복하다는 느낌을 주거나 마음에 들도록 해야 한다고 봅니다. 제일 중요한 것은 자신의 열정이고 거기에 더해 인간이 편하게 생활할 수 있는 공간을 만들어야 하겠죠. 이런 생각이 신념이 되어 저의 건축은 완성됩니다."

이 빛과 색채의 건축가가 말하는 행복을 주는 건축이란 무엇일까? "공간이 어디에 사용되는지에 따른 목적성이죠. 대화를 위한 공간이라면 충분한 대화와 어떤 영적인 교감이 일어날 수 있는 분위기로 디자인을 해야 하겠고요."

도시가 발전하려면 건축가는 어떤 태도를 취해야 할까? "내가 디자인한 건축이 돋보이도록 하거나 주목을 받는 데 치중하는 것보다 도시를 어떻게 더 발전적으로 승화시킬 수 있는지를 봐야 합니다." 건축가의 눈으로 그가 어느 도시에 발을 디뎠을 때 맨 처음 보는 것은 프로젝트가 진행될 지역의 환경과 문화다. 어떤 철학을 담은 콘셉트로 디자인할 것인지는 그다음 문제라는 것이다.

제주 작품 '카사 델 아구아'
물의 집

그의 건축에서 중요하게 등장하는 것은 물이다. 그는 물을 테마로 한 집짓기를 좋아하는 물의 작가다. 그의 제주 작품은 아예 에스파

물의 집(Casa del Agua)

'카사 델 아구아'는 세계적 건축가 리카르도 레고레타가 건축한 건물로 에스파냐어로 '물의 집'이라는
의미다. '레고레타'는 제주를 찾아 제주의 물과 바람, 그리고 빛에 영감을 받아 이를 '카사 델 아구아'에
그대로 반영했다. 건물 외관부터 제주를 상징하는 붉은 송이로 시작하여 건물 내외에는 그가 추구하는
물이 흐르도록 설계되었다. 2009년 3월에 건립된 이 건물은 2011년 12월 30일, '레고레타'의 사망으로
그의 유작이 되어 그 중요성을 더하게 되었다 그러나 시행사 간 갈등, 토지주 변경 등으로 철거 명령이
내려져 그의 유작을 아끼는 많은 문화계 인사들과 지역민이 문화유산으로 보존하자며 행정 당국과
끈질긴 투쟁을 벌였으나 결국 2013년 3월, 불법 건축물이라는 이유로 강제 철거되는 비운을 맞았다.

'물의 집' 외관

'물의 집' 내부

'물의 집' 전시관

나어로 '물의 집'이란 뜻의 '카사 델 아구아(Casa del Agua)'다. 물, 바람, 공기, 햇빛을 건축적 요소로 적극 빨아들인다. 그런 그에게 제주도는 딱 어울리는 환경을 갖고 있는 공간이었다.

그가 2010년 완공하기로 예정했던 제주 중문의 '카사 델 아구아 호텔 및 리조트 레지던스 프로젝트'는 당시 골조 작업 중이었다. 빛이 조금이라도 남아 있을 때 현장을 봐야 한다며 그가 일어섰을 때 황혼에 잠긴 붉은 제주 바다가 그를 확 잡아당겼다.

"제게 주어지는 모든 프로젝트는 새롭다는 것만으로도 저를 흥분시

킵니다. 지역 주민들의 환경을 해치지 않도록 해야 하고 나아가 그들의 생활이 행복해지도록 제 건축물이 좀 더 기여를 하도록 하고 싶습니다."

건축의 거장은 고집과 정열, 자존으로 쌓아온 자신의 삶을 돌아보는 듯했다. "건축은 어떤 것을 창조해 넣는 것이기 때문에 나의 창의력이 고갈되지 않는 한 나는 계속 새로운 것을 생각해내고, 디자인해낼 것입니다."

따뜻한 시선으로 제주 섬을 느끼던 건축의 거장 레고레타. 그의 다음 도전이 보고 싶었다. 그러나 그는 다음을 시도하기 전에 돌연 세상과 작별하고 말았다. 은퇴를 믿지 않는다는 평소 그의 지론대로 그는 '건축가의 길' 위에서 생을 마감한 것이다. 미완성의 '물의 집'은 아마 하늘에서 완성될 것이다. 그는 은퇴하지 않는 '물의 건축가'이므로….

리카르도 레고레타(Ricardo Legorreta) 1931년 멕시코시티에서 출생했다. 세계 건축계의 거장인 그는 멕시코 국립대학에서 건축을 공부하는 한편 호세 비야그란 가르시아 밑에서 실무 경험을 쌓았다. 대학 졸업 2년 후, 비야그란의 파트너가 되었고, 1963년 독립했다. 60년대와 70년대는 저임금 가족을 위한 프로젝트와 몇몇 주거 프로젝트 등으로 이름을 알렸다. 80년대는 해외 프로젝트 디자인, 90년대는 아들 빅터 레고레타가 레고레타 사를 이끄는 일원이 돼 함께 모든 프로젝트에 참여했다. 2000년에는 회사명을 자신과 막내아들의 이름을 딴 레고레타+레고레타로 변경, 활동했다. 그의 대표적인 작품들은 전 세계에 걸쳐 있다. 1999년 미국건축가협회의 건축가 골드메달을 수상했고, 2005년엔 미주건축가협회의 골드메달을 받았다. 2009년 3월 서귀포시 중문에 모델하우스 '카사 델 아구아'가 지어졌고, 2013년 철거됐다.

제주 안에서
태어난 문학,
모두 한자리에
모아야

일본의 문학평론가
오무라 마스오

1985년 처음 한라산에 오른 후 제주에 사로잡힌 오무라 마스오. 그는 조선 문학에 빠진 20대부터 한국을 드나들었다. 아픈 상처를 어루만지며 사는 사람들의 땅, 유채꽃, 검은 돌담, 바람이 너무나 조화로운 땅, 제주도는 언제나 눈을 감으면 삼삼해지는 고향 같은 땅이다. 1996년 《제주도 문학선》을 번역, 일본에 알렸고, 2009년에는 제주 작가 19인의 작품을 번역한 《돌과 바람과 유채꽃과》를 발간했다. 그는 화가 이중섭이 한때 살았던 서귀포를 사랑한다. 일본에서 이중섭의 흔적을 찾아 자료를 모으고, 일본 내에 이중섭 알리기에 앞장서고 있다. 재일 2세인 그의 부인 오무라 아키코(大村秋子)는 이중섭의 분카(文化)학원 미술과 후배로 2009년에는 이중섭미술관에 귀한 이중섭 사진 두 장을 기증했다. 이 화백의 팔레트를 기증하기 위해 서귀포를 다시 찾은 이중섭의 부인 이남덕(본명 야마모토 마사코) 여사와 함께 2012년 가을 제주를 방문하기도 했다.

"제주도에는 왜 '제주 문학관'이 없습니까?"

그에게 제주도는 정든 사람들의 땅이다. 육지와는 전혀 다른 이질적인 풍광, 그 이면에 한국 현대사의 상처를 고스란히 간직하고 있는 섬, 제주도의 문학은 그에게 인간적이다. 제주 문학은 가장 한국적이어서 세계 문학에 더 가까이 갈 수 있지 않을까 생각한다. 제주도를 사랑하는 만큼 제주 문학을 사랑한다는 그는 바로 일본의 문학평론가 오무라 마스오다. 1996년 제주 소설가들의 작품을 모은 《제주도 문학선》을 번역, 일본에 처음으로 소개한 일본 학자다. 늘 동행하는 벗이자 그의 조력자이기도 한 아내 아키코와 함께 제주에 온 그를 만났다. 10여 년간 꿈꿔온 제주 시선집 발간을 위한 발길이었다. 와세다대 교수 시절부터 쏟았던 제주 문학에 대한 그의 열정과 동경은 정년 퇴임 후인 지금도 꺼질 줄을 모른다. 열한 번째 제주 방문, 제주시 봉개동 거친오름 자락 아래

선 그가 '빙삭이'(빙그레) 웃는다.

시인 윤동주의 묘, 40년 만에
발견

어디에서도 잊을 수 없는 것은 자리젓의 맛, 오름의 풍광이었다. 도쿄에서도 눈만 감으면 떠오르는 제주도. 갈수록 세계인의 주목을 받는 섬이 되었다. 나날이 건물과 도로가 늘지만 사람의 정은 변하지 않았다고 믿는다는 오무라 마스오. 그가 4·3평화공원에서 한마디 던졌다. "4·3평화공원은 제주인의 혼이지요. 이렇게 만들 수 있는 섬사람들 힘이 얼마나 큰지 모르겠습니다."

얼마 전 그는 자신이 그동안 〈홋카이도(北海島)신문〉에 썼던 한국에 대한 칼럼을 묶어 《조선의 혼을 찾아서》(심원섭·정선태 역, 소명출판)라는 제목으로 책을 펴냈다. 그 책은 그의 지고한 한국 사랑과 제주에 대한 애정이 잔뜩 묻어나는 내용으로 채워져 있다.

오무라 마스오, 그는 옌볜(延邊)대학 연구원으로 머물러 있던 1985년, 40여 년 세월 속에 묻혔던 항일 민족 시인 윤동주의 묘를 발굴, 세상에 알린 이다. 중국에서 외롭게 생을 마쳤던 민족 시인은 비로소 그때 부활했다. 옌지(延吉) 시는 대외에 개방되었지만 룽징(龍井) 시는 개방되지 않았을 때다. 그는 외국인으로는 처음 그곳에 들어간 사람이었다. 운 좋게도 그는 거기서 윤동주의 가족들로부터 사진과 육필 원고도 받았다.

"윤동주가 한국에서 민족 시인으로 평가받고, 북에서도 높이 평가받는 것은 일제 말 암흑기에 민족 정서를 잃지 않은 시인이기도 하지만 20세기 초반 이후 시작된 한국 근대 문학사를 해방 이후의 문학사로 연결시키는 중요한 시인이기 때문일 것입니다."

그는 윤동주를 문학사적으로 높이 평가한다. 일본 교과서에 실린 윤동주 〈서시〉의 번역 오류를 지적, 이슈화시킨 이도 그다. "'죽는 날까지 모든 죽어가는 것을'을 '모든 살아 있는 것을 사랑해야지'로 번역해놓았어요. 그렇게 되면 '식민 통치를 했던 일본도 사랑해야지'라는 뜻으로도 잘못 읽히게 됩니다."

옌볜대학 시절이던 1985년 4월부터 1986년 4월까지 1년 동안 소설가 김학철 선생을 주 1회씩 만나 삶과 문학을 채록하기도 했다. 윤동주 연구와 개화기부터 카프문학, 강경애에 이르는 일제 말기까지의 식민지 시기의 문학은 물론, 제주도와 북한 문학을 거쳐 중국 조선족 문학 연구에 이르기까지 그의 한국 문학에 대한 여정은 길고 깊다. 그의 제주 사랑은 조선 문학에 매료됐던 문청 시절, 그 강을 건너면서였다.

제주 문학 처음으로 일본에
알려

어떤 문학이든 재미가 기본임을 그는 확인시켜줬다. 왜 제주 문학에 빠졌는지 묻자 돌아온 딱 한마디, "재미있어서요"였다. 그는 무척 말을 아낀다. "한국 안에서 가장 신산한 세월을 맛본 제주도의 문학은 가장 인간적이고, 가장 한국적이죠. 그렇기 때문에 한국 문학 중 세계 문학에 가장 가깝지 않나 생각합니다."

그는 제주 섬사람들에게서 육지와는 다른 깊은 정을 느낀다고 했다. "저는 큰길을 걷고 싶지 않아요. 작은 길을 걷고 싶어요. 윤동주 시인은 한국에서 큰길을 걸은 사람으로 인식되어 있지만 그 시대에 집은 다 중국에 있었어요. 중국 조선족 사람이라고 볼 수 있어요. 그렇게 보면 다른 조선족처럼 작은 길을 걸었다고 볼 수 있어요."

시인 윤동주 연구에 몰입하던 옌볜대학 시절, 그는 백두산에 올랐던 적이 있다. 순간 '다음은 대한민국 최남단 제주도 한라산이다'란 생각이 왔다고 했다. 1년 뒤 그는 자신과의 약속을 지키기 위해 한라산에 올랐고, 제주 문학 자료를 모으기 시작했다. 그때 처음으로 제주 작가 오성찬을 만났다. 또한 현기영의 강연도 들었다.

4·3 문학에 대한 그의 관심은 "한국의 사회적 모순과 혼란이 응축돼 투영되고 있는 지역이 제주도"라는 결론에 이르게 된다.

"소설가에 비해 제주에 시인이 정말 많아요. 시들도 정말 좋고요. 10년 이내에 이 시인들의 시를 알리자 생각했어요. 제주에서 태어나고 제주에서 활동하고 있는 작가들을 중심으로 뽑았어요." 시선집에는 20명 이내 시인의 시, 각 2~5편씩 들어 있다. 그는 제주에 올 때마다 시내 서점에 들러 제주 작가의 작품집을 구입한다. 그의 도쿄 서재에는 제주도 작가와 조선족 자치족 코너가 있다. 거기에는 시, 소설, 평론 들로 채워져 있다.

서귀포시에 있는 이중섭 거주지

현재 제주도 서귀포시에서는 1951년 이중섭 가족이 살던 집을 개조해 이중섭박물관을
운영하고 있으며, 그 주변으로 이중섭거리를 조성했다. 오무라 마스오의 부인인 오무라
아키코는 일본 분카학원 미술과 후배로 이중섭미술관에 그의 사진을 기증하기도 했다.
일본에 살던 이중섭의 부인 이남덕과 함께 2012년 제주를 방문하기도 했다.

용감한 사람들이 더 잘 쓰는
서정시

제주 작가들의 작품에서 그는 무엇을 느꼈을까? "뜻밖에 알게 됐죠. 용감한 사람이 더 서정적인 시를 쓰고 있구나 하는 것을요. 이건 무척 좋구나, 그렇게 강렬한 시를 쓰는 사람이 이런 서정시를 쓰는구나 하고 생각했죠. 그런 서정적인 표현이 읽는 사람들의 마음을 아프고 슬프게 하죠. 4·3을 직접 겪지 않은 시인이 어떻게 이런 시를 쓰는가, 놀랐어요."

윤동주도 그렇다 했다. "애국 시인, 민족 시인이라고 해도 사실 그는 서정 시인입니다. 윤동주는 하고 싶은 말을 하지도 못하는 시대에 살았어요. 그에 비하면 제주의 시인들은 자유롭게 말할 수 있으니까 좀 더 나은 상황에 살고 있다고 볼 수 있습니다."

그에게 제주는 역사의 땅이다. 그러나 4·3뿐만 아니라 중요한 것은 '사람 사는 섬'이라는 것이다. 또한 지금은 4·3을 인식하고 극복해 평화와 화해에 이르는 방법을 구상하는 시대라고 생각한다. "물론 아픔을 잊어서는 안 되겠죠. 그렇지만 저는 그것을 넘어선, 제주의 정체성이 드러난 산과 거칠지만 아름다운 환경 속에서 사람이 사는 길을 표현한 시를 고르고 싶습니다."

저녁엔 한국어 배우는
야학생

20대의 그는 낮에는 와세다대학 경제학부 대학원생, 저녁에
는 조선민족학교에서 재일동포들과 우리말을 배우는 초보 야학생이었
다. 그는 그 나라를 알려면 먼저 말부터 배워야 한다고 생각했다. 그래서
중국에 대한 관심도 중국말부터 배우는 데서 시작했다. 학교에서도 배
울 수 없던 시절 사정사정해서 들어간 곳이 '조선어 야학'이었다. 그때는
중국 문학을 전공한 후 메이지(明治) 시대 정치 소설에 흥미를 느꼈던 석
사 과정 첫해였고, 조선에 대한 관심이 싹튼 때였다.

41년간 와세다대에 있었지만 그중 10년은 중국어, 2년은 일어 교수,
나머지는 한국 문학에 심취했다는 오무라 마스오. 조선어 담당 교수가
된 후에는 진심으로 한국 유학을 하고 싶었다. "학교는 현실과는 많이
달랐죠. 중국말도 당시 일본에서는 소수민족 언어였어요. 한국은 너무
어려운 시기였고, 그래도 한국 문학 전집을 보면 정말 좋았어요."

일본에서 처음 사서 읽은 문학작품은 한국의 백수사에서 출판한《한
국단편문학선집》. 사전이 닳도록 뒤지면서 한국 문학을 읽어냈다. "당시
제게는 한한사전이 있었어요. 초보자로서는 한국말 몰라서 읽을 수가
없었어요. 한영사전도 있어서 그걸 보면서 읽었어요. 한국어를 영어로,
영어를 일본어로 옮겨가며 읽은 거죠." 1972년, 결국 한국에 유학할 기
회를 얻었다. 동국대였다. 이후 고려대와 인하대 등에서 연구할 수 있는
기회도 왔다.

반일 감정이 강한 때였으므로 아무리 학자라 해도 일본인을 대하는 한국인의 시선이 부담스럽지 않았을까? "욕도 많이 먹었죠. 밖에서 '갈치가 왔습니다' 하는 소리가 나서 사려고 나가면 한국말 잘 모른다고 생각하고 바가지를 씌워요. 한번은 돈 빌려 달라 해서 빌려줬죠, 한국 사람한테. 그런데 갚지 않았어요. 일본이 우리나라를 빼앗았는데, 왜 일본 사람 돈을 돌려줘야 하느냐는 거죠." 국가적 관계와 개인적 관계는 분리해야 한다는 생각을 했지만, 그는 묵묵히 그런 말을 들을 수밖에 없었다. 일본인으로서 죄인이 된 것 같은 기분이 들었기 때문이었다.

제주 섬 안의 모든 문학, 한군데 모아야

"왜 제주도에는 제주문학관이 없죠?" 갑자기 그가 물었다. 문인들을 키운 동인지까지 시대별로 있어야 하고, 《제주문학》도, 《제주작가》도 창간호부터 최신호까지 볼 수 있는 제주문학관이 반드시 필요하다는 얘기였다. "제주 문학과 관련된 섬의 모든 것을 모아놓은 곳 말이죠. 일본에는 각 지방마다 근대문학관이 있어요. 가나가와 현 문학관, 야마나시 현 문학관 등 지방정부가 운영하는 곳이죠. 거기서 출생하지 않아도 그 지역과 인연 있는 작가의 작품들도 있어요. 어느 여관에서 어떻게 집필했다 하는 것처럼요. 제주도도 이제 많은 작가들의 좋은 작품들이 나올 거예요. 이제 미래를 내다봐야죠."

시인은 시, 소설가는 소설, 개인적 문학관이 있다면 그것을 묶어서 큰 문학관을 만들면 된다는 것이다. "어느 작가가 사라봉을 이렇게 썼는데, 사람들은 그 작가의 집필 현장이나 작품 속 장소에 가고 싶지 않을까요? 관광지로도 이만한 게 없겠죠. 4·3평화기념관에도 4·3 문학작품이 있지 않나요? 문학도 4·3을 기억하는 한 방식이니까 시로 쓰고, 소설로 쓴 것도 모두 기억해야죠. 그게 제주문학관에 있어야 하고요."

이따금 제주에서 그를 만났다. 만날 때마다 그는 제주 문학작품을 구해달라고 했다. 그는 하나하나 그 작품집들을 사 모으고, 택배로 일본으로 부친 후 비행기를 탔다. 제주 작가들의 신작까지 대개 읽었다. 그러다 보니 어느새 황혼. 바다엔 그새 노을이 덮칠 것이다. 제주 바닷가에서 도두봉을 배경으로 포즈를 취한 노작가. 아직도 못 다한 제주 사랑에 세월이 아쉽다. 시간만 좀 더 따라준다면 제주 문학을 더 일본에 소개하고 싶다 했다. 제주 섬은 제주 밖에서 제주를 생각하고 연모하는 사람들로 그 아름다움이 더 깊어진다. 제주 바다의 노을처럼.

오무라 마스오(大村益夫) 1933년 도쿄 출생. 1957년 와세다대 제1정치 경제학부 졸업. 도쿄도립대학교
/   인문과학연구과 석·박사 과정. 1972년부터 와세다대 교수로 중국어, 조선어
담당. 1985년 와세다대 재외 연구원으로 중국 옌볜대학 연구 유학. 2004년 정년퇴직. 와세다대 명예교수, 고
려대 교환연구원, 인하대 초빙교수를 역임했다. 저서로 《사랑하는 대륙아 –시인 김용제 연구》(大和書房, 1992),
《시로 배우는 조선의 마음》(青邱文化社, 1998), 《사진판 윤동주 자필시고 전집》(공편, 민음사, 1999), 《조선의 혼을
찾아서》(소명, 2007), 번역서 《친일 문학론》(임종국, 高麗書林, 1976), 《한국 단편 소설선》(공역, 岩波書店, 1988), 《탐라
이야기–제주도문학선》(高麗書林, 1996), 강경애의 《인간 문제》 등이 있다.

돌이
아름다운 예술이 되는
문화의 섬

독일인 한국학자
베르너 사세

"제주어는 매력적이에요. 중세어가 살아 있잖아요." 독일에서 처음으로 한국학 박사를 받은 사람, 베르너 사세. 그는 제주 말의 아래아까지 읽어낸다. 그와 제주와의 인연은 필연인가. 그가 한국과 인연을 맺은 것은 1966년 전라도 개발원조 사업을 하면서다. 독일의 한국학 전공자로 1년에 한 번씩 한국을 찾았던 그는 내친김에 제주로 오는 배를 탔다. 제주의 농기구가 궁금했다. 조사차 찾아온 1960년대의 제주도는 고유의 전통이 그대로 남아 있는 섬이었다. 남국의 햇살이 강렬하게 내리치던 중산간 마을에서 그는 닷새 동안 머물렀다.《한국의 농기구》라는 책에는 유독 제주도의 농기구만 나오지 않았다. 정말 제주도 농기구의 이름은 다른 지역과 달리 매우 독특했다. 시골 구석구석을 다녔다. 시나 소설에도 그런 이름이 나올 것 같아 조사했다. 2010년 10월 9일, 그는 한국의 세계적인 무용가 홍신자와 제주돌 문화공원에서 화제의 혼례를 올렸고, 함께 제주 바닷가에 둥지를 틀어 살기도 했다. 그는 틈틈이 그린 수묵화로 서울과 제주에서 개인전을 열기도 한다.

그때 그는, 처음 한국에 대한 사랑을 품었다. 가난하지만 정이 넘치는, 토속적인 풍경이 살아 있던 1966년, 스물다섯 청춘이었다. 그렇게 처음 만난 한국 땅이었다. 이후 찾은 제주도는 그가 생의 끝까지 머물고 싶은 땅이 되었다. 머물러 살기 위해 한국 땅을 밟은 2006년 10월 1일은 독일 함부르크대학의 교수직에서 은퇴한 바로 다음 날이었다. 흡사 고향 땅으로 달려가는 사람처럼 미련 없이 짐을 꾸렸고 독일을 떠났다.

일본학, 중국학만 있던 독일의 대학에 처음으로 한국학을 개설하고, 은퇴하는 날까지 한국 문학을 번역하며 세계 속에 한국을 알리는 데 열정을 다한 사람, 그렇게 30여 년 한국학을 가르치던 독일 사람 베르너 사세. 세종의 《월인천강지곡》을 독일에 처음 소개한 이도 그였다. 학문 외에 수묵담채를 즐겨 그리는 화가이기도 한 그가 새해맞이로 제주에 왔다. 때마침 눈보라가 사선으로 흩날렸다. 반백의 구레나룻이 멋진, 칠

순의 문턱에서도 청춘의 설렘을 간직한 그는 "멋지다", "신기하다"를 연발했다. 이날 한라산은 그의 방문을 맞아 수묵화 같은 구름과 부서지는 햇살을 보내주었고, 그 사이사이 한라를 가리는 눈보라가 몰아치며 호기심에 찬 그를 매혹시켰다. 제주도는 이제 생 후반부를 함께할 땅이 되었다. 얼마나 묘한 인연의 땅인가, 그에게 제주도는….

30년 만에 찾은 제주도, 그리웠던
섬사람의 정

하긴 강산도 세 번은 변했을 세월이 아닌가. 30년 만에 찾은 자식의 얼굴처럼 그는 제주도가 좀 낯설다 했다. "예전 제주의 시골 구석구석을 다니던 때에는 대문도 없고 정감이 넘쳤어요. 제주어는 알아듣지 못했지만 독특했습니다."

유창한 한국어로 제주 바다를 둘러본 그가 말했다. 그야말로 너울너울 흐르는 오름과 그 아래 둥근 곡선으로 어우러지던 초가는 얼마나 경이로웠던가. 한라산 자락 아래서 나지막하게 모여 살던 제주 사람들, 외국어처럼 들리던 제주 말은 그 자체가 하나의 신비로운 풍경이었다. 대문 없던 그 시절, 제주 사람들에게선 인정이 물결쳤다. 무엇보다 중세어가 살아 있는 제주어는 매력적이었다.

"프랑스 남쪽 멋쟁이들이 사는 리비에라 같아요. 한쪽은 한라산, 한쪽은 바다, 그 가운데 아주 멋있는 집, 많았어요. 인상적이었던 것은 한림

중간산 마을 풍경

과 서귀포가 같은 섬 안에서도 색깔도 분위기도 아주 달랐어요. 남쪽은
블루와 그린이 섞여 있었고, 서쪽 한림은 아주 깊은 블루였어요."

협재 바다 앞 비양도는 한 폭의 수채화였다. 너무나 아름다웠다. 중산
간 마을은 토속적이었고, 시대와 무관한 듯 느리게 서 있었다. 변화무쌍
한 제주 섬의 검은 돌, 그 질감은 또 얼마나 따뜻했던가. 그의 눈에 새겨
졌던 옛 제주의 모습이 아른거리는지 그는 자꾸 과거의 풍경을 끌어오
고 있었다.

타고난 호기심이 문화학에 관심

이끌어

　　　그는 어렸을 때부터 호기심이 많은 아이였다. 덕분에 정규 고등학교에서 쫓겨나자 비교적 자유로운 루돌프 스타이너 학교에 갔다. 문화학을 시작한 것은 열여섯 살 때, 히치하이크로 아일랜드에 갔을 때다. "거기는 천년 된 문화유산이 많아요. 그곳에 관한 책, 많이 만들었어요. 발간은 못했지만, 아일랜드의 모든 것을 조사했어요. 어릴 때 수학을 잘 못했어요. 수학은 못해도 문화유산 조사는 잘하니까, 졸업하려고 그랬던 거죠." 그림도 그때부터 그랬을까? "고등학교 때 이미 공동 전시도 했어요. 그때는 유화만 했죠."

　아버님은 보험회사 사장이었다. 고등학교를 졸업하고 예술 학교에 가려 했더니 반대했다 한다. 돈이 안 된다, 먹고사는 길로 가라 해서, 3년 동안 장사도 했으나 재미없었다. 그러다가 한국으로 가게 됐다. 나주에 호남 최초의 비료 공장이 들어섰는데 설립자가 그의 장인인 독일인 호만이었다. 장인이 공장에 근무할 기술자를 육성하기 위해 나주기술학교를 세웠는데, 그곳에서 일하게 된 것이다. 1966년 스물다섯 살 때, 아무 준비도 없이 한국말도, 한국 역사도 모르고 한국에 들어왔다.

　가족들과 함께 와 있던 4년 동안 한국어와 한국 문학은 맛만 보고 1970년 귀국했다. 한국을 학문으로 새롭게 만났을 때는 나이 서른이었다. "이대로 한국을 그냥 잊어버릴까 아니면 연결시킬까 했죠. 호기심에, 알기 위해서 한국학을 선택했어요."

한글과 일어, 한문을 익힌 그는 5년 만에 독일인으로서는 처음으로 한국학 박사 학위를 땄다. 그때 처음, 보쿰대학에 한국학과가 개설됐다. 1992년, 그는 함부르크대로 옮기면서 한국학과를 여는 등 유럽에 한국학을 전파했다. 물론 한국학 관련 자료나 사전 등이 정말 부족했고, 어려운 여건이었다. 그 시절 그렇게 씨를 뿌린 한국학. 이제 한국학 전공자는 함부르크 40명, 보쿰 100명 정도로 불어났다.

《월인천강지곡》, 5년 걸려 독일어 번역

당신들의 나라, 위대한 세종을 왜 '한글'에만 국한시키는가, 집현전도 있고, 빼어난 과학적 업적은 갈릴레이 갈릴레오와 견줘도 모자람이 없다고 그는 목소리를 높였다. "서양이 20세기에 비로소 완성한 음운 이론을 세종대왕은 5세기나 앞서 체계화했습니다. 한글은 전통 철학과 과학 이론이 결합된 세계 최고의 문자라는 것에 자부심을 가져도 좋습니다."

그런 그였기에 훈민정음으로 표기된 가장 오래된 가사인 세종대왕의 《월인천강지곡》을 번역하는 동안 내내 행복했다. 독일에서도 한국학 학생들은 중세 한국어로 공부한다. 문법책은 역시 교수나 학생들에게도 재미없다. "문학작품을 통해서 중세 한국어의 원본을 보고 자연스럽게 공부하자 했죠. 《용비어천가》도 중요하지만 말 자체는 배우기에 심심해요. 반면 《월인천강지곡》은 드라마틱해요. 정말 아름다워요. 세종은 위대한 시인이에요." 아름답고 활발하고 재미있는 《월인천강지곡》에 빠져, 형태소 분석하고 불교 용어까지 조사하다 보니 번역에 5년이 걸렸던 것이다. 그는 또 농민들을 위한 뛰어난 노래 '농가월령가'에 매혹돼 독일어와 영어로 번역 완성했다. 아직 관심 있는 출판사를 찾지 못해 잠자고 있지만. 《동국세시기》 번역본은 곧 나온다.

1945년 이후, 해외 한국학 연구 1세대 학자 베르너 사세가 말하는 한국학이란 무엇일까? "저는 문화학으로 한국을 연구하죠. 역사, 문학, 민속학, 언어학을 포괄하는 통합 학문이죠. 문제는 대학의 분과 학문 구조에 따라 문학하는 사람은 역사를 모르고, 민속학 하는 사람은 역사를 몰라요. 그게 문제예요. 사람들은 다른 나라를 통해서 자기 문화를 알게 돼요. 한국 사람이 독일 문학과 독일 정치를 알면 한국을 알게 됩니다. 자신과 다른 문화, 총체적인 인류 문화는 자신의 삶과 인생에 새로운 인식을 갖게 해주죠."

그렇게 한국학에 매달리다 교수직에서 퇴직할 때까지 모은 책이 1만 2000여 권이다. 자신이 몸담았던 학교로 보내고, 나머진 버린 그 책들은 옛날 인사동을 뒤지면서 아주 싸게 모은 책이다. 그중 한국에 가져온 것은 한 500권밖에 안 된다 했다.

제주 돌문화공원

돌문화공원은 돌의 고장 제주에 있는 돌 문화를 종합적이고 체계적으로 보여주는 박물관이자
생태 공원이다. 돌문화공원은 제주만의 독특한 자연유산인 오름 앞에 자리 잡고 있으며, 돌을 쌓아
만들어놓은 성곽 형태를 따라 나지막한 오르막길을 올라가면 주변 전망이 시원한 돌문화공원 입구에
다다르게 된다. 제주를 찾은 많은 외국인, 특히 세계의 지성들이 제주의 자연과 문화를 가장 잘
보여주는 곳으로 손꼽을 만큼 제주돌문화공원은 세계적 명소가 되었다.
해마다 5월 15일 설문대할망제를 지내며 생명 평화의 의미를 새기고 있다.

"제주4·3, 비극을 겪었던 나라끼리

연대해야"

　　　제주4·3평화공원에서 그는 여러 번 한숨을 쉬었다. 무엇보다 광주5·18 전에도 이런 엄청난 비극이 있었다는 사실에 놀랐다. 그는 광주5·18과 관련이 깊다. 1980년 5·18 민중 항쟁 소식을 전해 들은 그때 그는 함부르크대 동료들과 함께 한국의 민주화와 신군부의 탄압 철폐를 촉구하며 시위를 벌였고, 성명서를 발표했다.

　"광주사태 때, 심리적으로 매우 아팠어요. 독일보다 한국에 친구들이 많았거든요." 그는 광주5·18을 처음 독일에 알린 독일인도 독일의 기념회장 등에서 자주 만났다. 당시 광주엔 그의 친구들이 여럿 있었는데 그중엔 행방불명된 친구도 있었다. 그런 인연으로 지난 2007년, 5·18연구소 객원교수가 되기도 했다.

　"세계적으로 이런 비극의 현장이 많으니까 모두 관심을 가질 수 없지만 여기 직접 와서 보니까 상상 이상으로 아픔이 커서 놀랐어요. 물론 평화는 중요하지만 어떻게 평화를 이룰 수 있는지 연구하면서 다시는 이런 비극이 생기지 않도록 인식하고 연대하는 것이 중요합니다. 같은 비극을 겪었던 폴란드, 캄보디아, 베트남 등과 네트워크를 통해 비극을 공유하고, 함께 자라나는 세대에게도 알려야 평화를 지킬 수 있습니다."

　그렇다면 그는 한국의 민주화에 대해서 어떻게 생각할까? "한국은 아직, 민주주의 나라 아니에요. 민주주의로 가는 나라죠. 왜냐하면 정권이 바뀌면 민주주의가 후퇴하고 그러잖아요. 아직은 민주로 가는 길, 멀리

왔지만 아직 도착은 안 했어요. 물론 이유가 있겠지만 국회에서 의원들끼리 막 때리고, 부끄럽잖아요."

제주도, 문화의 섬이
되어야죠

그는 제주도를 이미 오래전부터 사랑해왔지만 그런 만큼 쓴소리도 서슴없다.

"제주도요? 국제적인 것도 좋지만 예술적인 도시로 만들어갔으면 합니다. 옛날에는 다들 문 열고 사람 지나가면 차도 마시고 그랬는데 지금은 두꺼운 문 닫고, 이웃은커녕 자기밖에 몰라요. 사회가 경제적으로만 급속히 발전해 문화가 따라가지 못해요. 그래서 제주도는 정말 예술과 문화 중심으로, 아름답게 만들었으면 좋겠어요. 그러면 세계적으로 예술과 문화를 상징하는 도시가 될 거예요, 아름다운 곳에 아름다운 사람들이 모이듯 문화적인 도시에 세계의 문화인이 찾아오겠죠. 무조건 국제화만 외치지 말고 내용을 갖춰야죠. 문학 도시, 예술 도시가 됐으면 좋겠어요. 가능성은 충분해요. 예술인도 많이 살고 있잖아요. 자연도 건축도 아름답지만 미운 것도 꽤 많아요. 그건 문화와 예술에 대한 인식이 행정가에게 부족해서 그래요."

그럼에도 휘익 둘러본 제주는 아직도 빛나는 아름다움을 간직하고 있고, 돌을 주제로 만든 돌문화공원은 정말 예술적이라고 했다. "아마 앞으로 한국에서 제일 좋은 공원이 될 거예요. 규모가 큰데도 아름다워요."

제주도는 걷기 천국,
어디든 걸으면 좋은 곳

까만 먹물에 전라도의 황토와 갯벌이 어울려 산이 솟고 강이 된다. 그가 수묵담채로 그린 2010년 어느 달력이다. "저는 한지가 좋아요. 그리고 색깔도 한국의 땅 색을 주로 쓰거든요. 색깔이 아주 많잖아요. 갈색이나 황색이나 황토색, 흰색도 나오고 여러 개 나오잖아요."

그에게 학문과 그림은 별개가 아니다. "작업실과 공부방이 붙어 있어요. 컴퓨터 하다가 갑자기 그림 생각이 나면 그림 그리고, 그림 그릴 때 일 생각이 나면 다시 컴퓨터 하고. 오후에는 화가가 되고, 아침에는 교수 되고 난 그런 사람 아니에요. 같이 해요." 그는 앞으로 조선 초 김인후의 한시 〈소쇄원〉 48영(詠)을 번역할 예정이다. 아름다운 언어와 운율이 살아 있는 가사 문학을 통해 한국의 아름다움을 세계에 알리고 싶단다.

그의 이름 사세(思世)는 '세상을 생각한다'는 뜻. 1966년 어느 스님이 지어줬다. 담양 전통 한옥에서 개량 한복을 입고 선비처럼 3년을 살았다. 그는 자연이 좋다. '불편하지 않냐'고 하자 올라갔다 내려왔다 재미 있단다. "아파트에 사는 서울 친구들은 한 층만 올라가려 해도 엘리베이터 앞에서 기다리고 있어요. 그러면서 주말이면 헬스클럽 갑니다. 이게 웃기잖아요. 항상 편리하게만 사니까 몸이 불편하잖아요. 걸어서 다니는 것이 사람답죠. 제주도는 걷기 천국이죠. 정말 걷기에 좋은 곳이지요."

그에게 가공되지 않은 담박한 제주 음식은 매력적이다. 제주 야생에서 나오는 깨끗한 먹을거리들이 참 좋다. 관광지가 되면서 그러한 좋은 재료가 아주 쉽게 사라지고 있는 것 같아 안타깝지만. 그는 제주도의 국수 요리를 즐긴다. 특히 꿩메밀국수를 좋아한다. 참으로 특이한 향토 음식이란다. 성게국수나 잔치국수라는 돼지고기국수는 그 맛이 일품이다. "와! 갓김치다" 하며 능숙하게 집어 드는 그는 영락없는 한국인이다.

'아침이슬'을 즐겨 부르며 유머와 웃음, 만사 유유자적한 사람. 제주의 산천, 그 황홀함에 눈을 떼지 못하는 '세상을 생각하는 사람' 사세. 제주 바다는 공원 같고, 신성하다는 그는 '행복한 삶'을 원한다. 이 유럽인은 이제 제주 땅에서 자신의 황혼이 안주할 수 있기를 원한다. 그의 시선은 이미 오래전 제주도에 꽂혔으니….

베르너 사세(Werner Sasse)
/
1941년 독일 프랑크푸르트 출생. 독일인 한국학 박사 1호. 고대 및 중세 한국어 연구 전문가이자 화가. 유럽 한국학협회장 역임했고, 독일 하노버 런던 미술회 공동전시회 참가(1961), 1966년 전라남도 나주에서 개발원조 사업에 참여했다. 1975년 〈계림유사에 나타난 고려 방언〉으로 보훔대학교에서 한국학 박사, 한국학과 처음 설립, 한국학과 교수(1975~1992)로 재직했고, 함부르크대학교 한국학과 설립, 한국학과 정교수(1992~2006)로 재직했다. 2002년 《월인천강지곡(月印千江之曲)》 제1권 194연을 같은 대학 안정희 교수와 공동 번역 출간했고, 전남대학교 5·18연구소 객원교수(2007), 전남 담양 거주하며 한양대학교 국제문화대학 문화인류학과 석좌교수(2008~2010)로 재직했다. 저서로 《민낯의 예쁜 코리아》(학고재, 2014)가 있다.

독특한 민속 문화 살아 있는 제주

전 주제주일본국총영사
요덴 유키오

그는 제주의 내면까지 사랑하는 사람이다. 무엇보다 그는 해녀들의 그 벅찬 숨비소리를 사랑한다. 제주의 아름다운 길과 길을 이어준 제주 올레를 사랑한다. 올레길에서 만나는 파노라마로 펼쳐진 쪽빛 바다, 샛노란 유채꽃, 너울지는 돌담의 어우러짐을 사랑한다. 치열하게 사진으로 기록하는 그는 카메라를 메고 제주의 근원을 찾아 홀로 헤매기도 했다. 첫눈에 제주 대자연에 전율했다는 요텐 유키오. 30여 년 한국과의 인연, 그의 아버지도 반했다는 제주도. 그 섬에서 2년 6개월 주제주일본국총영사를 지내는 동안 그는 제주도의 많은 속살을 보았고, 알았다. 제주의 문화 예술을 사랑하는 사람들과 벗이 되었다. 바다에서 물질하는 노인의 모습에서 신성함마저 느꼈다 했다. 그는 제주의 민속 문화가 제주의 보물이라고 생각한다. 임기를 마치고 떠날 때 그는 제주를 담은 사진집 《내 마음속에 묻어둔 삼다도의 정취》를 펴내 제주에 헌정했다.

"다큐 영화 〈해녀 양씨〉 보셨죠?" 그가 먼저 오사카의 제주 해녀 양의헌 (1916~2015)의 일대기를 그린 영화 얘기를 꺼냈다. 제주와 오사카, 북으로 간 세 아들과 제주에 남겨뒀던 딸, 남북 이산의 아픔을 온몸으로 살아온 그녀, 해녀 양씨의 삶은 충격이었다. 그에게 해녀는 제주의 어머니다. 그는 보았다. 검정과 자색 고무 옷을 입은 다섯 명의 해녀가 활기차게 바다로 드는 모습을. 얼마 후, 바다는 해녀들의 숨비소리로 가득 찼다. 네다섯 시간의 장대한 드라마에 가슴이 설렁였다. 그가 제주에 부임한 지 한 달이 지난 어느 일요일, 용두암 바닷가에서였다.

대자연과 인간이 통할 것 같던 어느 새벽, 제주시 구좌읍 송당마을에서 열리는 굿을 보러 나섰다. 그는 캄캄한 새벽길을 홀로 달렸다. 두근거렸다. 엄숙하고도 경건한 분위기에 가녘에서 조용히 셔터를 누르는 것도 미안해했다.

제주 방선문 계곡은 비밀 정원
3년 동안 100여 번 찾아

　　　우리말을 전혀 어색하지 않게 풀어 쓰는 그는 해녀들과 이 땅의 팽나무를 사랑하는, 제주에 홀린 사람이다. 제주의 숨겨진 곳자왈 계곡 방선문은 그만의 비밀 정원이었다.

　"집에서 가깝고 사람도 많지 않아 3년 정도 100번은 갔어요. 아침저녁, 눈비가 와도 갔어요. 덕분에 그 계곡의 상류부터 하류에 이르기까지 어디에 어떤 바위가 있고 그 바위에 어떤 나무가 어떤 모양으로 견디고 있는지 완전히 제 머리에 각인됐죠. 돌이나 나무들에게는 이름을 지어 줬어요. 처음에 갔을 때 그 계곡의 어느 중간 부분이 해변가의 아름다운 모래밭처럼 돼 있던 것이 1년도 안 되어서 모래가 다 없어지고 그 대신 그 밑에서 예술품 같은 하얀 바위가 나타나기도 했죠. 그중에서도 흥미로웠던 것은 조선 시대에 제주목사를 지냈던 사람들이 큰 바위 위에다 자신들의 이름을 새긴 것(마애명)들이었어요. 아마 흙에 완전히 매몰됐던 것이 홍수 같은 큰비가 자주 온 후에 흙이 없어지면서 다시 그 이름들이 나타난 것 같아요. 그럴 땐 잠시나마 제 마음은 제멋대로 조선 시대 속으로 날아다니는 거지요."

　제주에서 이런 계곡을 발견하면 저절로 자동차를 멈추고 넋을 빼앗겼다는 요덴 유키오. 그렇게 밖으로 나가면 쉽게 집으로 들어가지 않아 아내가 화를 내기도 했단다.

　민속학을 공부한 외교관, 주제주일본국총영사관 요덴 유키오 총영사.

방선문계곡의 겨울

그의 시선은 이미 구석구석 제주에 꽂혀 있었다. 부임하고 얼마되지 않아 민속학자 현용준 선생과 만난 자리에서 그는 제주 민속에 깊은 관심을 나타냈고, 제주의 구석구석을 알고 싶은 호기심을 숨기지 않았다.

"제주가 매력적인 이유는 이처럼 아름다운 대자연 속에 아주 먼 옛날부터 오랜 세월에 걸쳐 전해져온 제주 사람들의 민속 문화를 접할 수 있기 때문입니다." 제주의 과거 현재 미래에 대한 그의 생각은 진지했다. 오랜 성찰이 있어야 나올 알갱이들이었다. 제주에서 하고 싶은 것은 많으나 일에 매여 있어 아쉽다 했다.

"오름도 정말 아름답지요. 시간 있을 땐 올라가지만, 좀 더 개인적인 시간이 있으면 좋겠어요. 국제회의가 많아지고 행사도 자주 치르게 돼서 시간이 모자라요." 그는 일본 문화를 소개하고 교류하는 행사도 기획하느라 시간이 턱없이 부족하다고 안타까워했다.

제주 해녀 문화는 인류의
위대한 유산

"자연은 아름다운데 한편 두렵기도 해요. 그것을 가장 잘 알고 있는 분이 해녀인 것 같아요. 그분들은 바다가 주는 풍요로운 자원을 누구보다 잘 알고, 바다와 자연에 고마워하면서 바다의 엄격함과 잔혹한 공포 또한 누구보다도 꿰뚫고 있죠. 그래서 자연과 융합해야 잘 살아갈 수 있다고 믿어요. 그런 것들이 마을마다 신당을 만들게 했고, 제주에

1만 8000위의 신이 있는 이유가 되기도 하죠."

그는 해녀들의 믿음과 감사의 마음이 굿의 세계에서 솔직하게 표현된다고 생각한다. "일본에서도 바다에 들기 전 해녀들이 무사 안녕과 풍어를 기원하는 마을제를 지냅니다. 같은 해녀 문화를 보유하지만 서로 다른 점이 있어서 비교 연구도 활발하게 이뤄지고 있는 것 같습니다."

그는 제주 해녀와 일본 해녀(아마)의 교류를 꿈꾼다. 정치적 색채를 떠나서.

제주의 자연은 지금 아름다움의 대명사가 됐지만 옛날에는 사람이 살기에 힘든 환경을 만들기도 했다. 제주의 과거와 현재에서 그 엄혹한 자연조건을 헤쳐나간 주인공이 바로 제주의 어머니라고 부르는 제주 해녀가 아닌가 싶다. 그래서 어려운 환경에 맞서는 개척 정신이라든가 씩씩하고 강인한 생명력이 그들의 삶 속에서 생겼을 것이다. 그녀들 앞에서 찰칵찰칵 셔터를 누르는 것은 무례하고 사려 없는 행동으로, 함부로 그래선 안 된다는 것을 그는 안다.

"일본의 '아마'와 제주의 '해녀'는 공통점이 많을 거예요. 그러나 제가 볼 땐 제주 해녀가 훨씬 강인해요. 미에 현 도바 시는 일본에서 해녀가 제일 많은 곳이에요. 여자 2000명 남자 500명 정도인데, 도바에 바다 박물관이 있어요. 그곳에 제주에서 온 해녀가 있어서 서로 도움을 주고받죠. 해녀 문화는 인류의 위대한 유산입니다."

세계에서 제주와 일본밖에 없는 해녀 문화는 해녀의 고령화, 후계자 부족, 자원 감소 등 문제점을 안고 있어서 계승이 힘들다고 했다. "이대로라면 언젠가 해녀 문화는 쇠퇴하겠죠. 수산자원 보호가 이 문제뿐만 아니라 환경문제나 지구온난화 문제 등에 대처하는 방법이 되지요.”그는 제주와 일본의 해녀 교류를 위해 제주 관계자들을 대동하고 휴가를 내어 도바 시의 심포지엄에 참가하기도 했다. 이런 교류 역시 유네스코 유형문화재로 등재하는 데 도움이 되지 않을까 하는 생각에서였다.

“고령화 문제는 같지만 일본은 여러 가지 질병 치료를 개인이 하고 있어요. 일본에는 제주에서 파견된 젊은 해녀가 있어요. 서로 차이점과 공통점이 있어 굉장히 도움이 된다고 봐요.”한일 해녀에 관한 그의 관심은 어느새 교류로 이어졌다.

굿 현장 자주 찾아, 부드럽고 따뜻한
느낌 받아

굿은 해녀 문화와 더불어 떼려야 뗄 수 없는 제주의 민속이다. 그는 풍어와 어부 해녀들의 안녕을 비는 제주칠머리당영등굿에선 심방의 신성함과 신비로움을 언뜻언뜻 보았다. 깜깜 새벽 굿판, 흔들리는 촛불 속에서 공양 준비를 하는 여인네들의 환상적인 모습과, 그 속에서 온화한 마을 사람들과 그 속내를 털어놓는 심방과의 따뜻한 소통을 보았다. 동시에 신인화락(神人和樂)의 경지에 이른 평화로운 세계에서 해녀들의 따뜻한 인간미와 강인함을 또한 보았다.

“심방은 신과 인간의 중계자로서 굿판을 이끌지 않습니까? 그런데

제주칠머리당영등굿

중요무형문화재 제71호로 2009년 9월 30일 유네스코 '세계무형문화유산'으로 등재되었다. 바다를 통해
삶을 영위하는 제주의 어민에게 있어 '영등굿'은 특별한 의미를 지니고 있다. 영등 시기가 돌아오면
제주도의 곳곳에서는 영등굿을 행하며, 바다의 평화와 풍어를 기원한다. 제주칠머리당영등굿은 한국
유일의 해녀 굿이라는 점에서 그 특이성과 학술적 가치가 있다. 제주칠머리당영등굿보존회 김윤수
회장이 집전하고 있다.

풍어와 해녀·어부의 안전을 기원하는 띠배

권위적이지 않고 아주 부드럽고 따뜻한 느낌이에요. 다른 굿판과는 달리 신과 어느새 화합하는 듯했어요." 마을굿의 분위기는 행사용 굿하고 달랐다. 카리스마 넘치는 심방도 만났다. "이분들이 아주 따뜻하게 해주셨어요." 그가 사진 한 장을 꺼내 당시의 분위기를 전했다.

"〈제주 신당 조사 보고서〉에 적힌 날짜를 보고 찾아가지만 찾기가 굉장히 어려워요. 시간 날 때마다 다니다 보면 우연히 굿판을 찾을 때가 있죠. 아주머니들이 여럿 들고 나는 곳에 가면 굿을 할 때가 있어요. 그럴 땐 정말 행운이죠. 굿이 다 끝날 때도 있었는데 그래도 좋았어요. 그런 경험을 세 번 정도 했어요."

굿에 대한 관심은 이미 70년대부터 있었다. 서울 유학 때였다. 당시 정부에서 미신 타파 운동이 한창일 때였는데, 서울대 대학원에서 정병욱·정한모·장덕순 선생과 현장 조사를 했다. 무당도 만났고, 민속학회에 다니며 봉산탈춤에도 관심을 가졌다. "외국인 연극 〈배비장전〉에도 출연했는데 제가 차돌이 역을 맡았어요. 재미있었죠."

70년대 후반 사라진 서울 풍경,
렌즈에 담아

그의 사진 작업은 오래된 취미지만 이제 수준급이라는 게 주위의 평이다. 70년대 후반 서울에 있을 때 극단 '작업'에서 있으면서 사진을 찍었다. 그의 집무실에는 그가 차곡차곡 찍어놓은 제주 민속 사진이 분류돼 있었다. 설경의 한라산은 프로의 작품으로도 손색이 없었다. "사진은 엄청 많지만 정리가 안 돼요. 옛날에 필름으로 찍을 때와 달리 정리 안 하고 찍기 때문이죠. 그때는 사진을 직접 현상할 때였죠. 제주에 서는 워낙 자연이 아름다우니까 안 찍을 수 없죠."

그는 서울 생활 시절 유네스코 대학생 사진전에 출품하기도 했다. "다른 사람이 보면 재미없겠지만, 전 그때 현장이 머리에 떠올라 한참을 봐요. 자기만족이죠." 민주화 운동 등 서울에서 찍은 귀한 사진들은 일본으로 돌아갈 때 주변 사람들한테 선물했다. 이동하는 생활 탓에 자신의 유년 시절이 담긴 세 상자의 사진이 어디선가 없어진 적도 있었다.

제주, 세계적 관광지 될수록
민속 문화 보존해야

그는 한국 사람이 일본 갈 때 90일간 비자 없이 체류할 수 있도록 하는 협정에 힘을 보태기도 했다. "제주에 있는 동안 총리 네 분을 모실 수 있었어요. 제주도가 그만큼 위상이 높아졌다는 거죠." 그러나 제주에 대한 애정엔 쓴소리도 들어 있다.

"예전엔 자연조건을 극복해나갔지만 앞으로는 엄격하게 자연을 보존해나가야 합니다. 세계적인 관광지가 될수록 민속 문화를 보존할 필요가 있어요. 그렇게 되면 제주를 더 인식시킬 수 있어요. 완전히 없어진 다음에 되살리려고 하면 안 되기 때문이죠. 일부 사람만 좋으면 되겠어요? 종합적으로 보지 않으면 '세계가 찾는 제주, 세계로 가는 제주'에 방해가 될 뿐이죠."

행정가로서 보는 그의 정책 대안이 궁금했다. "제주도가 특별자치도가 되었는데 자치권을 어떻게 하느냐에 제주의 미래가 달려 있다고 생각해요. 공무원들이 전체를 볼 수 있는 눈을 가져야 합니다. 깐깐하게 외부 전문가도 심사하고. 제주도는 다른 데 없는 것이 많은, 가능성이 굉장히 큰 섬이기 때문에 그렇습니다. 예를 들어 일본에서 젊은 여자 분들이 오면 이런 쇼핑센터는 어떨까요? 황무지에 쇼핑센터로 초가집을 짓는 거죠. 거기 가면 뭐든지 살 수 있고, 온종일 있어도 재미있는 거리를 마련하는 거예요. 반대하시는 분들 설득하는 데 어려움이 많겠지만 새로운 수눌음(품앗이, 이웃 간에 서로 거들어가며 일하는 제주 풍습) 정신으로, '세계의 고향'이란 콘셉트로 현실화해나가면 좋겠어요. 제주는 그런 곳이 돼야 합니다."

그의 관심은 역시 사람이다. "지난번 국정감사 때 제주 사람들이 불친절하다는 얘기를 들었어요. 하지만 역사를 보면 서로 도와가는 수눌음 정신이 강해요. 원래 제주인들은 남들과 벽이 없는 사이로 살아왔잖아요. 따뜻하고 서로 믿고 사는 세계가 제주 분들에게는 당연한 세계였던 것 같아요. 아픈 역사가 쌓이다 보니 외부 사람에게 배타적이게 된 거죠."

그가 처음 제주를 방문했을 때는 1984년부터 3년간 부산 영사 일을 볼 때다. 배를 타고 왔던 그때의 제주도는 정말 매력적이었다. 그가 일본에 있는 그의 부모를 처음 제주도로 초대한 것은 1985년, 유채꽃이 만개한 계절이었다. 생전에 그의 아버지는 그때가 가장 기억에 남는다며, 제주 여행의 추억을 자주 꺼내곤 했다.

"도쿄에선 싸우는 일이 많았지만 제주도에선 복잡한 게 없어 다투지 않았어요. 이따금 눈에 덮인 한라산을 올라가는 꿈을 꾸고 있어요." 제주에 이미 깊은 정이 든 그의 시선은 오래도록 제주에 머물러 있을 듯 했다.

요덴 유키오(余田幸夫) / 전 주제주일본국총영사. 1949년 효고(兵庫) 현 출생. 덴리(天理)대학 조선어학과 졸업. 1973년 일본 외무성 입성. 1974~1977년 한국 유학 및 주한일본대사관 근무. 연세대 한국어학당을 다니는 한편 개인적으로 국제대학(야간)에 다녔다. 서울대 대학원 국어국문학과에 들어갈 때 영어로 번역된 〈용비어천가〉를 한국어로 번역하는 시험 문제를 만나 진땀을 흘리기도 했다. 그 후, 외무본성에서 경제 협력 담당(아시아국), 주로스앤젤레스일본국총영사관, 주부산일본국총영사관, 주호놀룰루일본국총영사관, 1993년 주중국일본국대사관(일등서기관), 1997년 외무본성(아시아대양주국 북동아시아과상석전문관), 2001년 주부산일본국총영사관(수석영사), 2004년 주한일본국대사관(참사관), 2007년 외무본성(아시아대양주국 북동아시아과지역조사관) 근무. 2008년 4월부터 2011년 4월까지 주제주일본국총영사. 이후 주부산일본국총영사 부임 후 2013년 3월 정년 퇴임했다. 일본에서 일한문화교류기금 업무집행이사·사무국장을 맡아 활동하고 있다.

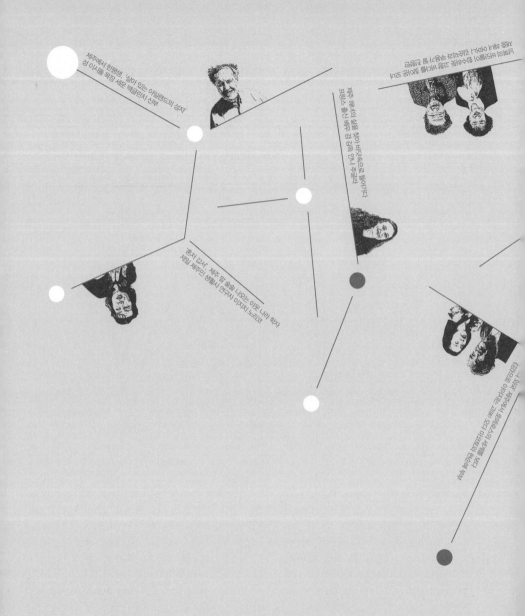

제주에서 한평생, '살아 있는 아일랜드의 성자'
성 이시돌 목장 세운 맥글린치 신부

제주 해녀의 삶을 찾아 바닷속으로 들어가다
프랑스 출신 배우 감독 안나 주글라

혼자 감서, 제주 밑 술을 나오는 이웃 나라 학자
제일 제주인 생활시 연구자 이지치 노리코

세종 해녀 아마가 강수남이라고 기억나 류 진행자
제동 해녀 지산에이 향수사람과 고향 사나를 찾아오며 인간

선한 사람들이 아름다운 자연을 지켜낸다
베트남 여성 종군작가 레 민 퀘

3장

제주의
사람에 빠져든
사람들

제주에서 한평생, '살아 있는 아일랜드의 성자'

성 이시돌 목장 세운
맥글린치 신부

"사람에게 가장 중요한 건 사랑이죠." 모두가 배고팠던 시대, 수려한 풍모의 청년 사제가 서서 바라보던 황량한 돌 벌판은 연둣빛 목장으로 변해 있었다. 1954년, 제주 섬에 닿은 푸른 눈의 사제가 여장을 푼 곳은 한라산 중산간 기슭의 황무지였다. 제주시 한림읍 금악리에 '성 이시돌 목장'을 이룩한 사제는 저 세계의 문호 제임스 조이스와 예이츠를 탄생시킨 나라, 아일랜드에서 왔다. 강론하면서 피아노도 치는 유머 넘치는 이 여든의 사제를 사람들은 '목자' 혹은 '성자'라 부른다. 패트릭 제임스 맥글린치 신부. 한 인간이 기도와 사랑으로 가꾼 대지는 실로 혁명적이다. 사무치게 사랑하는 섬 제주, 말하지 않아도 그 마음이 전해진다. 제주 사람보다 더 제주다운 가치를 아끼는 사람. 그는 바람의 땅, 제주에서의 삶을 행복하다 했다. 사제가 서 있는 정물오름 기슭으로 푸른 바람이 밀려왔다. 성 이시돌 목장은 우리에게 보여준 사랑의 증거이며, 희망의 약속이다. 성 이시돌 목장은 겸허하다. 그 앞에 선 저 실천하는 사랑의 사제처럼.

"사랑을 실천하기 위해 제주에 왔죠."

그날, 스물다섯 푸른 눈의 사제가 왔다. 제주4·3의 광풍이 휩쓸고 간 제주 섬엔 흉터처럼 박혀서 지워지지 않는 상처가 사람들의 눈빛에 스멀거리고 있었다. 1954년 4월, 우울한 돌섬에 시도 때도 없이 부는 바람이 파도를 일으켰다. 돌담과 초가는 그의 고향 섬 풍경과 많이 닮아 있었다. 그는 한라산 자락에 의지해 살아가는 제주 사람들을 만났다. 풀 죽은 표정들이었으나 순박했다. 청년 신부는 소매를 걷어붙였다. 사람들을 살려야 했다. 말도 안 통하는 이 섬에서 처음 만난 한마디, '안 됩니다'.

몇 년 후 그 말을 그는 '됩니다'로 바꿔놓았다. 몇 번이고 설득했고, 함께 성당을 지었다. 삶을 포기하려던 사람들은 기운을 차렸고, 아픈 사람들은 의탁할 곳이 생겼다. 마을 청년들은 일할 곳이 생겨 고향에 남았다. 먼 해협을 건너온 20대의 사제, 흑백사진 속의 그는 흡사 잘생긴 영화배우 같다. 성 이시돌 목장, 무엇 때문에 사제는 이 중산간에 둥지를 틀고 사랑을 실천했을까? 그의 제주 사랑은 어디까지일까?

아일랜드 사람과 닮은 제주 사람들의 성정

"제주 사람들은 독립심이 깊고, 고집이 세요. 어렵게 살아도 실망하지 않고 특히 아이들 대학 보내려고 부모들이 희생을 얼마나 많이 하는지…. 땅까지 다 팔고. 그런 거 나 여기 와서 처음 봤어요. 어려운 일인데 바닷가에 나가는 해녀들 보고 깜짝 놀랐어요. 제주 사람들은 아일랜드 사람들처럼 유머도 있고 비슷한 점이 많아요."

목축의 나라 아일랜드. 그의 아버지는 청빈하고 인정 많은 수의사였고, 형님도 수의사였다. '꼬마 수의사' 맥글린치도 젖 짜고 학교에 다녔다. 아홉 살부터 운전을 했다. 법적으로는 그럴 수 없었지만 아버지가 가르쳐줬단다. 기도하는 분위기 속에서 자란 소년이 고교 졸업 후 선택한 삶은 성 골롬반 외방선교회. 마음이 이끄는 대로였다. 1951년 12월, 7년 동안 공부한 후 교회가 가라고 한 곳은 한국전쟁의 와중에 있는 땅, 한국이었다. 순종의 신부는 전쟁 중인 나라에 들어오기 위해서 많은 시간을 보냈다. 1953년 도착한 피난지 부산에서, 목포·순천의 보좌신부를 거쳐 발령 난 곳이 제주도였다. 당시 제주엔 중앙성당, 서귀포성당 두 곳밖에 없었다. 그는 한림공소에 부임하자마자 우선 성당을 세우는 일을

맡아 완수했다. 청년 사제가 발을 들여놓은 제주시 서부 지역의 금악리
는 허허벌판, 돌밭의 광야였다. 게다가 사람들은 4·3의 울음을 소리 죽
여 껴안고 있었다.

4·3의 흔적 위에 가난으로 물든 땅,
제주도

　　　"사람들은 무서워서 말을 안 했죠. 그러다가 하귀 학살 사건
을 직접 목격한 사람한테 조용히 들었어요. 남편, 부인, 아들이 다 바닷
가에 살고 있다가 중산간에 왔어요. 너무 형편없었어요. 빈한했어요. 굶
어 죽는 사람이 있었고, 빚 못 갚아서 자살하는 사람도 많았죠."

　어떻게든 사제는 그 상처와 가난을 치유해주고 싶었다. 95퍼센트가
농민이었던 사람들에게 가장 급한 것은 먹고사는 일이었다. 어떻게든
사람들을 살려야 했다. 살아갈 의지를 심어줘야 했다.

　"우리 교회에서는 이웃을 자기 몸같이 사랑해야 한다 해요. 이웃을 도
와주는 방법에는 여러 가지가 있지만 일자리를 만드는 일이 최우선이라
생각했어요." 그렇게 그의 과학적인 영농은 기도와 함께 시작됐다. 젊은
사제도 일주일에 한 번 꿩을 사냥해서 먹고 살았다.

　이방의 언어 같은 제주 말은 안 통했으나 바닷가 사람들에게 '왜 이런
일하면서 어렵게 사느냐, 중산간 가면 소 기를 수 있지 않느냐' 하고 마
음으로 제안했다. "어른들이 안 된다 했어요. 옛날 방식으로 돼지 기르

는 것 보고 깨끗하게 키우는 방법을 말했어요." 젊은 외국인 신부의 말이 먹힐 리가 없었다. 그는 5년 동안만 이렇게 해보자고 제안했다. 농사는 제주 사람들이 잘하지만, 목축만큼은 맥글린치 신부도 자신 있었다. "제주 억새 있잖아요. 오월 말쯤부터 칠월 중순까진 방목할 수 있죠. 그후 목초는 영양가가 없으니 그때 모든 목초를 풀로 바꿔서 심으면 되지 않겠느냐. '이상한 말 하지 마라.' 여러 가지를 제안했지만 받아주지 않았어요. '마이동풍'이었죠."

제주 4H클럽, 신용협동조합, 호스피스

광활한 성 이시돌 목장. 맥글린치 신부는 어떻게 이 땅을 일 궜을까. 서서히 제주 사람들과 섞이기 시작한 지 5년이 지나, 그가 맨 먼저 한 일은 당시 활발하게 일어나던 '4H클럽'이었다. 학교를 못 간 젊은 이들한테 매주 현대식 영농 교육을 했다. 당시 경기도 4H클럽에서 임신한 돼지 한 마리를 사왔는데, 키울 곳이 없었다. 한림성당 옆 조그만 마당에 돼지우리로 초가집을 지었다.

"땅은커녕 돈도 없지, 거기 임신한 돼지 한 마리 넣고 4H클럽 남자 부원들한테 관리하라 했어요." 문제는 냄새였다. 여름철엔 속수무책이었다. "냄새가 진동해 못 견디는 거예요. '아름다운(?) 향기'가 나잖아요. 냄새 때문에 성당 신자들이 코를 잡고 하소연했어요."

성 이시돌 목장

성 이시돌 목장은 제주시 한림읍 금악리에 있는 목장으로 제주 지역 최초의
전기업목장(全企業牧場)이다. 1961년 11월 말, 양돈 사업을 시작으로 면양을
사육했던 것으로 알려져 있다. 이시돌 목장의 특색 있는 건축양식으로 테시폰도
유명하다. 싱 이시돌 목장 안에 싱 이시돌 양로원, 피징센터, 젊음의 집, 삼뫼소
은총의 동산, 금악성당, 성 이시돌 어린이집, 클라라관상수녀원, 농촌산업협회 등이
함께 있으며 삼위일체대성당이 건축되는 등 목장보다는 천주교 성지로 더 알려져
있다.

성 이시돌 목장의 테시폰

1960년대에 목장을 처음 지을 때 숙소로 사용하기 위해 짓기 시작한 건축물로 지금은 성 이시돌 목장의 상징이 되었다.

우여곡절, 그래도 그 돼지가 새끼를 열 마리나 낳았다. 신부는 아이들과 계약을 맺었다. "집에 가서 길러라. 나중에 새끼 낳으면 두 마리 상환하고 나머지는 네가 가져라." 그런데 그렇게 키워가던 돼지를 집안 잔치때 잡아버려 우는 아이도 생겼다. 그 아이들 가운데는 후일 군대 갔다 온다음 개척 농가를 이룬 이도 있었다. 그런 식으로 양돈 사업을 현대화시켰다. 하지만 양돈 사업을 확장하기 위해선 우선 넓은 대지가 필요했다. 그때부터 마땅한 땅을 찾기 위해 이곳저곳 찬찬히 살펴나갔다.

"저기 정물오름 아래 우물이 있어요. 꿩 사냥 갔다가 봤어요. 옹포리의 한 할아버지를 만나서 땅을 팔아달라고 했지요. 그러니 할아버지가 못 쓰는 땅, 버려진 땅을 사서 뭐할 거냐고 해요. 그래도 팔아달라고 했죠. 3000평에 당시 돈으로는 1500원이었는데 돼지 기르기 위해서 땅 사놓고, 그 땅 사니까 얼마 있다가 다른 할아버지가 나타나 자기 땅도 사라고 해요." 이 대목에서 사제가 크게 웃었다. 뭔가 재미있었던 일이 떠올랐나 보다.

"돈 없잖아요. 아무것도 없잖아요. 밤늦게 가족들한테 전화해 땅 살 돈 보내라 했더니, '정신 나갔다고, 천주교 선교사로 나갔는데 땅 산다'고 뭐라 하는 거예요. 또 돼지 살 돈 보내라, 가족 친지 동창, 미국 교포들, 친척한테도 5달러 10달러 보내라, 했죠. 우리 집 부자 아닙니다. 조금씩 땅 샀죠. 소문났어요. 미친 외국 놈이 쓸데없는 땅 산다고. 돌밖에 없는 땅을. 여기저기서 사람들이 나타나 자기 땅 사라고 해요. 나 이렇게 큰 목장 세울 생각 없었어요." 그의 고향 사람들은 얼마나 황당했을까.

가난이 어디 쉽게 떠나겠는가. 우선 사람이 빚 때문에 죽는 일은 없어야 했다. 그가 생각한 것은 신용협동조합. "비싼 은행 돈 빌려 쓸 수 없잖아요. 담보도 없고. 신용협동조합을 한림에 세웠죠. 그것 때문에 빚 많이 갚았어요. 큰 도움 됐죠."

한때 이시돌의 상징, 초원 위 뭉게구름 피어나듯 복슬복슬하던 양 떼 풍경이 떠올랐다. 그 양들은 다 어디로 갔을까? "면양은 축사가 필요 없어요. 추우면 털도 더 잘 자라죠. 왠지 제주 농민들은 양에 관심이 없었어요. 그냥 다 분양해줬는데 결국 실패했죠."

그러고 나서 경험 있는 아일랜드 수녀들이 제주에 왔다. 이제는 사라진 한림수직을 그때 세웠는데 거기에 채용된 마을 여인만 1300명. "그땐 제주도 경제에 투자하는 사람, 한 사람도 없었어요."

극빈 환자 무료 진료에
나서다

　　　　　시골에선 병이 나면 손을 쓸 수가 없었다. 그가 극빈 환자 무료 진료를 한 성 이시돌 의원을 개원한 것은 1970년이었다. 한림수직 수녀들 가운데는 의사도 있었다. 일반 병원이 많아지자 말기 암 환자들을 위해 목장에다 2002년 복지의원을 세웠다. 전국 유일의 호스피스 병원이었다. 큰 병원엔 호스피스 병동이 있지만 그건 진짜 호스피스라 할 수 없기 때문에 국가나 도 차원에서 이제 호스피스의 개념을 바꿔야 할 때란다. 이시돌의 복지사업은 요양원, 젊음의 집, 유아원 등으로 계속됐다.

　그렇다면 운영은 어떻게 하고 있을까? "목장에서 나오는 돈으로 일해야 해요. 비영리단체니까. 회원들한테는 이익 나야 배당금 주는데 첫째는 농촌에서 일자리 만들기 위해서고, 두 번째는 가난한 사람을 위해 자선사업을 하는 거죠." 농민들을 위해 재단법인 농촌산업개발협회도 만들었다. "성 이시돌의 모든 것은 외국 사람, 천주교에 소유권이 없어요. 이 땅의 사람들을 위해서 처음부터 만들었죠." 그는 아무것도 가진 것이 없다. 이 협회의 이사장이지만 소유권이 없다.

귀중한 자원은 제주 사람과
제주의 문화

인터뷰 도중 창 너머로 대형 관광버스가 휙 바람을 일으키며 지나갔다. "보세요. 길도 없었는데 길이 생겼잖아요. 이렇게 발전한 것은 좋은데 거기엔 장단점이 있어요. 여기 제주의 중산간 마을, 바닷가 마을 중심으로 관광업이 발전하도록 해야 하는데, 이 양반들(투자자, 행정관료 등)의 착각은 제주도가 라스베이거스의 카지노나 대형 호텔과 경쟁해야 한다고 생각하는 것이죠. 여기 있는 자원은 무시하고 없는 것하고 경쟁할 수 없잖아요. 후회할 일 하고 있어요. 아름답고 평화로운 제주를 살리기 위해서는 가족 관광으로 가야 해요."

'가족 관광' 역시 관광객일 텐데 무엇이 다를까? "제일 중요한 것은 제주 사람, 제일 귀중한 자원은 고유의 제주어, 제주 음악, 제주 문화입니다. 사람들 의식이 바뀌어야 해요. 제가 가족과 오스트리아 여행 갔을 때, 마을에 머물면서 자유롭게 산책하고, 마음대로 돌아다니면서 마을 사람들과 얘기했어요. 그 기억만큼은 지금도 생생하게 남아 있거든요."

"제주 관광? 저 관광객
아니거든요"

그는 가난했지만 뭐든지 나누던 제주 사람들을 떠올렸다. "여기 와서 성 골롬반 외방선교회 우체국 통해서 먹을거리 70달러어치를 받았어요. 한림 신자들 가난한 25명밖에 없었어요. 그래도 나에게 자기 먹을거리 나눠주었죠. 계란 가져왔죠. 보리밥 나눠줬죠. 심지어 자리젓도 들고 왔어요. 제주 사람들, 그래서 알게 됐어요. 관광객들은 제주 사람 몰라요."

그는 이시돌에서 사진 찍는 신혼부부가 보이면 가다가 차를 멈춘다. "깜짝 놀라요. 외국인인 데다 제주도 와서 처음 여기 사는 사람과 제대로 얘기하는 것 같다고. 제주 사람하고 한 번도 얘기한 적 없고, 제주 말도 들은 적 없다면서 놀라고 신기해해요. 버스에 오르내리다 돌아가면 사실상 제주 방문한 사람 아니거든요. 기념품 가게 사람들만 손님하고 얘기하죠. 택시 기사하고만 얘기하고."

처음에는 7년에 한 번, 이제는 4년에 한 번 고향에 다녀온다는 맥글린치 신부, 제주도 관광은 해봤을까? "저 관광객 아니거든요."

기도와 사랑의 사제는 요즘 휘청이는 경제로 성 이시돌 목장도 타격을 입고 있어 마음 아프다. 그럼에도 청정 '성 이시돌 목장 우유'에 대한 확신, 모든 농가가 유기농을 추진해야 한다는 생각은 변함없다.

1966년 아일랜드 한 방송에서 제작한 영상 속의 맥글린치 신부의 수려한 20대 얼굴에는 열정이 넘쳤다. 직접 돈사를 만드는 모습, 당시 한림수직의 길쌈하는 제주 젊은 여인들의 모습도 보였다. 화면 속 젊은 아일랜드의 사제도 이제 제주 한라산 자락 아래서 황혼에 들었다. 몸도 예전 같지 않다 했다.

제주도에서 그는 하나의 신화가 됐다. 무에서 유를 경작한 사람. 광활한 성 이시돌 목장을 한번 둘러본 이들이라면, 금방 느낄 것이다. 아일랜드에서 온 한 사제의 사랑의 실천을. 그는 한 인간의 힘으로는 도저히 이룰 수 없는 것을 이 섬에서 일궜다. 그러나 무엇 하나 소유하지 않는 사람, 한국명 임피제, 이미 제주를 제2의 고향으로 품은 맥글린치 신부는 이제야 제주도를 한 바퀴 둘러볼 생각이란다. 오름 자락 아래 선 사제의 미소가 참 맑다.

"나는 천주교 신자지만 사람들 붙잡고 성당 나오라 안 해요. 사제로서 '이웃 사랑'의 의무를 다하기 위해 제주에 왔어요. 우리 모두 서로 사랑하지 않으면 제가 해온 모든 것은 아무런 의미가 없어요."

사랑은 지구 반대편의 젊은 사제를 낯설고 물이 다른 섬으로 보냈고, 여기 황무지에 이웃 사랑의 꽃을 피우게 했다. 어느새 그는 제주 말이 편안하게 들리는 제주 사람이 되어 있었다.

맥글린치(Patrick James Mcglinchey) **신부** 1928년 남아일랜드 레터켄에서 출생. 1951년 12월 사제 서
/ 품. 성 골롬반 외방선교회 사제로 1953년 한국 도착. 1954
년 제주도 한림공소로 부임. 한림성당 준공. 4H클럽 조직 가축은행 개설(1957), 성 이시돌 중앙실습목장 개
설(1961), 한림 신용협동조합 설립(1962), 성 이시돌 배합사료공장 가동(1964), 성 이시돌 의원 개원(1970), 성
이시돌 양로원 개관(1981), 성 이시돌 어린이집 개원(1986), 성 이시돌 노인복지회관 개관(1988), 성 이시돌 회
관 및 성 이시돌 성당 준공(1990), 성 이시돌 복지의원 개원(2002), 성 이시돌 젊음의 집 개관(2005) 등을 했다.
1966년 5·16민족상, 1975년 막사이사이상, 대한민국 석탑산업훈장, 내무부 장관상, 적십자 봉사상 등을 수
상했다. 1973년 두 번째로 제주도 명예도민증을 받아 '임피제'라는 한국명을 쓰고 있다. 2014년 10월 아일
랜드 대통령상을, 12월에는 한국 정부로부터 국민훈장 모란장을 받았다.

'혼저 갑서',
제주 말 술술 나오는
이웃 나라 학자

제일 제주인 생활사 연구자
이지치 노리코

1994년 8월, 제주시의 동쪽 작은 마을 행원리. 명랑한 목소리의 20대 일본인 여자가 나타났다. 달랑 가방 하나 들고. 마을 사람들은 신기해하면서도 다정하게 말을 걸었다. 그렇게 맺은 땅, 제주도 행원리는 최고의 인연이었다. 제주도 사람들의 생활사를 연구하는 일본인 학자 이지치 노리코. 일본 도쿄의 제주 출신 재일동포인 도서출판 신칸샤(新幹社) 대표 고이삼 씨로부터 지인을 소개받고 스며든 마을이었다. 그날 이후, 6명의 자녀를 둔 안기남 씨 댁에서 가족으로 편입, '일본 딸'이 된 그녀는 1년여를 살았다. '해녀 삼촌'들과 함께 물질하고, 당근 밭에서 함께 노동을 했다. 저녁엔 마을 사람들을 인터뷰했다. 그녀의 두 번째 제주 유학은 1997년 4월, 다시 행원리로 왔고, 2년여 동안 제주 곳곳을 현지 조사했다. 지금도 오사카 재일 제주인 생활사 연구회 일원으로 수시로 제주를 드나드는 이지치 노리코. 그녀가 일본에서 만난 제주 출가 해녀만도 30여 명이다.

"제주 삼촌들처럼 서로 위하는 제주도가 돼야죠."

제주 삼촌(제주에서는 가까운 사람끼리도 성별에 관계없이 삼촌이라고 한다)들한테 받았던 그 깊은 정은 아무리 갚아도 모자란다 했다. 그들은 그녀 인생의 스승이다. 제주도는 그녀가 처음 만났던 제주 삼촌들 마음처럼 늘 그랬으면 했다. 세상이 아무리 변해도 그 따스하고 깊은 정, 공동체 마음만은 남았으면 좋겠다 했다. "기꽈(그래요?)?", "무사마씀(왜 그러세요?)", "한국말은 제주어 '햇수다'(했습니다)"부터 배웠다. 제주 말이 표준어보다 훨씬 수월하다는 그녀에게 제주도는 또 하나의 고향이다. 3년여를 더불어 살던 행원 삼촌이 그녀를 가족으로 품은 지 20여 년이니 그럴 법도 하다. 그녀 역시 그들을 어머니, 아버지라 부르며 제주 사랑의 깊이를 더한다. 재일 코리안, 제주인의 생활사를 연구하는 일본인 문화인류학자 이지치 노리코. 삼촌들과 물질도 하고, 당근 밭·마늘 밭 일도 했던 그녀를 아는 이들은 그녀에게 '일본 딸 와시냐?(왔니?)' 그런다. 그녀는 제주도를 친정처럼 오간다.

이번 제주행 역시 행원 가족들을 만나러 온 길. "어제가 행원 어머니(2008년 8월 혈육같이 지내던 행원리 '제주도 어머니'가 세상을 떴다) 기일이라난맘씨(기일이었어요)." 술술 나오는 제주 말, 그녀는 전생에 분명 제주 사람이었을 것이다.

"재미잇어맘씨(재밌어요)" 술술 나오는
제주 사투리

"혼저 갑서." 서울서 택시를 타면 제주 말부터 나온다는 이지치 노리코. 그녀는 제주도를 오래도록 연구해온 현장 연구자다. 학계에서는 '제주어로 말하는 학자'로 통한다. 제주 사투리는 어렵지 않았을까? "재미잇어맘씨(재밌어요)." 아기가 처음 말을 배울 때처럼 그녀가 배운 한국어는 바로 제주 말이다. 감정이 실리지 않고선 나오지 않을 표현들이다.

자분자분 작게 내던 그녀의 말소리가 급기야 커졌다. 바람 속에서 크게 부르는 제주 삼촌들처럼. "제주 말은 소리가 크잖아요. 조사할 때도 제주 사투리로 하니까 삼촌들이 더 친근감 있게 다가와요. 내가 진짜로 말을 하고 있다고 느낄 때는 제주 말로 할 때예요. 문제는 강연할 때죠. 다른 사람들이 알아듣지 못할까봐서요. 후후." 실제 그녀는 제주에서 열린 세미나에서 제주어를 착착 섞어 사람들을 놀라게 했다. 삼촌들과 얘기하면서 배운 말이다 보니 반말체가 많아 사람들을 한 번 더 당황하게 만들기도 했다.

행원리 진입로에선 "아! 다 왔다" 어느새 편안해진다는 그녀. 흡사 고향 올레에 들어서는 것처럼 행복해진다. "그듸(거기) 가면 잠을 잘 수 있다는 거죠." 재일 코리안의 생활사를 조사하기 위해서 아예 그들 속으로 들어간 이지치 노리코. 그녀에게 인정을 베풀어준 행원 삼촌들 덕분에 제주가 연구 주제가 됐고, 그로 인해 교수가 됐다. 우연히 인연 맺은 행원 어머니 박창렬 씨가 향년 77세로 세상과 작별할 시간, 그녀도 행원 가족들과 병상을 지켰다. 그녀가 두 번째로 제주 유학을 온다는 소식에 기쁨의 눈물을 흘렸다는 제주 어머니였다. 제주도와의 깊은 인연만큼 슬픔도 컸다.

당근 밭, 물질, 동네 삼촌들과
수눌음도

1994년 여름, '안녕하세요' 한마디밖에 모르던 그녀가 제주 속으로 성큼 들어섰다. 낯선 땅, 돌담이 아름다운 올레, 바다로 이어지는 마을 길, 모두 아름다웠다.

"그냥 부딪치다 보면 어느 정도 할 수 있을 거다 생각했어요." 당장 거주할 집이 필요했다. 며칠 후, 지금의 '제주 아버지, 어머니'를 소개받

왔다. "옛집이 비어 있으니까 써도 된다. 제사 때만 쓴다"면서 그녀의 인사에 두 명의 삼촌이 활짝 집을 내줬다.

'대정 14년(1925년)'이라고 기둥에 쓰인 슬레이트 집. 일제강점기 때 할아버지가 지은 집이란다. "그때 자식으로서, 연구자로서 받아줬기 때문에 제주도에 있을 수 있었어요. 정말 감동했어요. '아버지', '어머니' 하라고 했고, 선뜻 그랬어요."

처음엔 "뭐 하러 왔냐"던 마을 사람들, 6개월이 지나자 문을 열어줬다. 제주 사람 집집마다 일본과 관련되지 않은 집이 없다는 것도 그때 알았다. 일본 어디어디서 태어났다는 삼촌들, 일제강점기 때 일본에서 노동하다 왔다는 삼촌들, 일본은 먼 나라가 아니었다. 오사카에 가장 많이 살고 있는 '코리안'이 제주 사람이라는 것도 이해가 됐다.

삼촌들은 그랬다. 길을 가다가도 노리코를 만나면 "노리코, 뭐 하멘?(뭐 하니?)" "추우니까 굴묵(구들방에 불을 때게 만든 아궁이) 때요." "불쌍하다. 여긴 그런 사람 없어." 일본 왔다 갔다 하는 해녀 삼촌이 "일본에서 사온 전기장판 빌려줄게" 했다. 행원 어머니가 수눌음 갈 때 그녀도 당연히 따라갔다. 당근 밭, 마늘 밭에서 검질(김)매는 생활이 익숙해졌다.

"당근 밭은 열흘 정도 갔어요. 하루에 2만 원 받았죠. 생활 속에서 인연 맺는 게 더 깊다는 것을 1년 10개월 지나면서 알게 된 거죠. '다음에 우리 밭에 옵서예' 하면 '예' 하면서 얼른 어머니 따라가고. 외부 사람이지만 밥도 같이 먹고 하니까 서로 이야기가 되잖아요. 삼촌들은 뭐 하러 온지 모르지만, 그래도 '좀 재미있는 아이가 있다' 하고 인정해주는

수눌음

'수눌어간다'의 명사형으로, 함께 품을 교환한다는 뜻이다. 보통은 농사일을 할 때 이웃끼리
서로 돌아가면서 도와 노동의 교환이 이루어진다. 대개 집을 지을 때, 지붕을 이을 때,
농번기에 김을 맬 때, 산에서 큰 나무를 끌어내릴 때, 방앗돌을 굴릴 때, 밭을 밟아줄 때, 마을
길을 닦을 때와 같이 일시적인 공동의 역사(役事)나 농사일에 힘을 합하여 협조하는 모든 것을
수눌음이라 부른다.

거예요. 엊그제 제주 사람들이 제일 많이 살고 있는 오사카 츠루하(鶴橋)
시에서 살다 왔다는 삼촌도 있어요. 그러면 '일본에는 왜 갔다 왔을까?'
'누구한테 가고 어떤 일을 하고 있나?' 이런 질문들이 나 자신한테 막 쏟
아지고 살면서 그 의문들이 조금씩 풀리게 되는 거예요."

그러면서 그들의 공동체에 주목했다. "일본에서도 제주 사람끼리 공
동체 만들잖아요." 물론 장례식 때는 팔 걷어붙이고 설거지도 했다. 그
런 그녀를 가족으로 인정하지 않는 사람이 어디 있을까. 그렇게 1년 살
다가 일본으로 돌아갔다. 그러곤 3년 후 다시 행원으로 돌아왔을 때는
이들이 부담스럽게 느끼지 않았을까 걱정했다는 노리코. "내가 도착하
자마자 어머니는 눈물이 나왔대요. 두 번이나 안 온다고 생각했대요. 너
무 고생해서." 그녀의 눈에도 어느새 물기가 어렸다.

행원 아버지는 이야기를 정말 잘했다. 제주 사람이면 대부분 피할 수
없었던 4·3의 상처가 이 집에도 짙게 스며 있었다. 뒤늦게 4·3 관련 책
을 읽고 받았던 충격도 떠올랐다. "각 집안의 역사까지 상세하게 저한테
설명해주시니까 저도 누구누구 얼굴 보면 대충 그렇구나 이해하게 됐어
요. 4·3이란 고개를 넘어가면서 지금까지 어떻게 살아왔을까? 그래도
살아가야 하니까 어쩔 수 없었겠죠."

소수자에 가 닿은 관심,

재일 코리안

　　사회 차별에 대한 관심이 많았던 소녀였다. 회사에 다니던 아
버지의 잦은 근무지 이동 때문에 자꾸 학교를 바꾸다 보니 외톨이가 된
듯했다. 그 영향 탓일까. 소수자에 관심이 많았다는 이지치 노리코. 영어
를 전공하던 그녀가 제주도에 관심을 가진 것은 24년 전, 중국에 갔을 때
였다. 난징대학살기념관에서 일본이 저지른 대학살을 알게 됐다. 충격이
었다. 그때 아시아에 대해서 모르는 것이 너무나 많았구나 하는 자각이
왔다.

　일본이란 나라가 현대사에서 무엇을 했는가에 대해 쓰고 싶어서 교
수한테 상담했다. 재일 코리안의 생활사 첫 주제는 '귀화'였다. 아무것도
모를 때였지만 민중의 모습, 보통 사람의 삶이 그녀의 관심사였고, 학문
의 화두가 됐다.

　제주에 오기 전 이미 3년간 일본 오사카 이쿠노 구의 '어머니학교'에서
일본어 자원봉사 활동도 했다는 이지치 노리코. 석사 논문을 쓰기 위해서
였다. 그곳 사람들을 상대로 인터뷰했다. "당시는 재일교포 안에서 귀화
는 배신처럼 여겨졌어요. 귀화한 분들 역시 마음 아픈 이였어요. 국적은
일본이지만 원래 한국 사람이죠. 보통 재일 한국인의 생각을 알고 싶어
서 이쿠노 구 '어머니학교'라고, 글 가르쳐주는 곳에 갔던 것이죠. 지금도
'어머니학교'는 운영되고 있지만, 그때 이 학교엔 70세 전후의 재일 한국
인 할아버지·할머니를 대상으로 매주 2회 오후 7시부터 10시까지 일본

어를 가르치는 '아이우에오'반이 있었어요."

지금도 그렇지만 이쿠노 구엔 제주 사람이 많았다. 일제강점기부터 '일본 속의 작은 제주도'라 할 만큼 이쿠노 구의 한국인은 대부분 제주 출신이다. "제주 역사와 오사카와의 관계를 공부하니까 이랬구나 했죠. 그때까지만 해도 책은 물론이고 논문도 몇 개 없었어요." 이쿠노 구에 살며, 5년 동안 한 할머니와 아주 가까이, 혈육 같은 인연을 맺기도 했다. 그리고 그녀가 내린 결론은 생활사를 알려면 직접 제주도로 가야 한다는 거였다. 강렬했다, 제주 유학을 해야 한다는 마음은.

진실 앞에서는 국적도
중요치 않아

그녀 역시 한일 관계가 불거지면 껄끄럽다. '조선어 사전'보다 '한국어 사전'으로 해야 할 것 아닌가 생각할 만큼 그녀는 한일 간 과거의 역사 문제에 신경을 썼다. 그녀의 행원 시절, 마을의 90대 한 할머니가 그랬다. "너는 모르겠지만 내가 처녀였을 때는 여기가 일본이었고, 나도 일본에 갔다 왔다. 그러니 너도 과거 역사에 그런 시기가 있었다는 것을 알고 있어야 한다." 다른 삼촌도 그랬다. "해방 전 국민학교(초등학교) 다닐 때 교사가 일본 말만 시켜 고생하고, 4·3이 일어나서 고생했는데 나중에 네가 선생 되면 학생들한테 이런 한국, 제주도의 역사를 꼭 가르쳐야 한다"고.

이제 교수가 된 그녀는 수업 시간에 지금도 지속되는 한일 관계의 껄끄러운 이슈들에 대해 학생들에게 어떻게 가르칠까? "언젠가 독도 조례를 만든 시네마 현에서 온 학생이 독도는 어느 나라 땅이냐고 물어요. 일단 역사적으로 봐도 독도는 한국 땅이라고 나와 있으니까 그것은 우리가 알아야 한다. 그리고 싸움에 대해서는 달리 생각하자. 어떻게 하면 해결할 수 있을까? 그런 방향에서 생각해야 한다고 했어요. 그 아이는 그렇게 생각 안 했어요. 저도 부담스럽죠. 일본인이니까. 그 모순을 학생한테 말해야 하잖아요. 하지만 진실 앞에서는 국적이 중요하지 않거든요. 지금 학생들이 너무나 편안한 환경에서 살다 보니까 못 느끼고 잘 모르는데 진실된 역사를 학교에서 전해줘야죠."

제주 해녀, 가능성에 건
사람들

"일본에도 '아마'가 있지만 여기는 잠수(해녀)들에게 바다가 큰 직장이잖아요. 일본에서는 수가 그리 많지 않고, 사정에 따라 못 하게 되더라도 잠수 아닌 다른 일을 선택할 수 있어요. 그런데 여기서는 바다가 정말 큰 직장이에요. 지켜야 하고, 또 많이 잡아야 하고…. 그렇기 때문에 제주 해녀 연구는 자연환경 면에서나 노동환경 면에서도 의미가 있어요. 물속에서 노동을 해보면 저절로 알게 돼요."

체험이 아니면 이런 얘기가 나올 수 없다. 당돌하게, 그녀도 해녀 삼촌들과 물질을 하고 싶었다. 무서움? 없었다. 그냥 할 수 있을 것 같았다. 잠수복을 입었다. 아무나 물질을 할 수 있는 건 아니었다. 어촌계장, 해녀회장을 찾아가 겨우 허락받고서야 나갈 수 있었다. "해녀 삼촌들은 서로서로 도와줘요. 옷 입는 것부터 도와줘요. 재미있으니까 구젱기(소라)가 보인다 해서 들어가잖아요. 가면 좀 깊거든요. 거긴 위험하다 하고 소리치지 못하니까 막 저를 잡아당기는 거예요. 자기 작업을 하면서 저를 보고 있는 거예요."

그녀는 옛날 대륙을 향한 출가 해녀들, 그 힘은 어디서 나온 건지 궁금했다. 결국, '해봐야 알겠다'는 생각에 이르렀다. 그리고 도전했다. 그래서 안다, 해녀들의 마음을. "너무 멋있죠. 자기가 가능성을 구체화하려는 정신이랄까, 힘이랄까 대단해요. 자기 노동환경을 관리하는 지혜도 대단해요. 또 배려의 마음이 있죠. 혼자 노동할 수 없다는 것을 몸으로 아는 것 같아요. 밭에서도 그렇고, 제주도 여자들은 강할 수밖에 없죠. 20세기는 일단 강하게 살아야 하는 시대였으니까, 이미 그렇게 단련돼서 강해지고 나면 약한 이미지는 나올 수 없잖아요. 그래서 제주 여자들이 강인하다고 하는 것 아닐까요?"

그러나 앞으론 제주 해녀들의 일본 출가 물질은 어려워질 거란다. "일본에선 바다 밭 권리를 안 주겠다, 불법이다 그러고 있어요. 재일동포는 괜찮지만, 제주 해녀는 막겠다는 거예요. 어떤 쪽에서는 어협이 다르기 때문에, 미에 현 아래쪽, 위쪽은 막는 곳 있어요."

그녀가 제주에 마음을 폭 뺏긴 것 중 하나는 어려운 일이 있으면 너도 나도 팔 걷어붙이고 내 일처럼 서로 "삼촌", "성님" 하며 도와주는 제주인의 공동체 문화 때문이다. 제주도는 이제 많은 외국인들과 이주민들이 찾는 세계의 섬이 됐다. 한편에선 서서히 변하고 있는 제주의 모습을 보게 된다는 이지치 노리코. 그녀는 그래도 제주인의 따스한 정은 변치 않았으면 한다. 앞으로 공동체가 무너져가는 현대사회도 다루고 싶다고 했다.

이젠 그녀의 남편도 그녀의 일본 부모도 자신처럼 제주를 사랑한다. 초가을 제주 수목원은 초록으로 싱그럽다. 그 꽃그늘 아래 시종 밝은 표정의 이 일본 딸, 다감한 제주 말로 말한다. "공기가 잘도 좋은게마씨.(공기가 참 좋아요.)" 일본으로 떠나는 순간 다시 그리워진다는 또 다른 고향, 제주도. 그녀는 그 그리움을 어떻게 다 풀어내며 달랠 수 있을까.

이지치 노리코(伊地知紀子)
／
1966년 일본 효고 현 출생. 고베외국어대학 영미학과 졸업. 오사카시립대학 대학원 문학연구과 후기박사과정(사회학) 수료 후, 동 대학원 문학박사학위 취득했으며, 관심 분야는 문화인류학, 지역사회학, 한반도 지역연구다. 에히메(愛媛)대를 거쳐 현재 오사카시립대학 대학원 문학연구과 준교수로 재직 중이다. 연구 저서로 《재일 조선인의 이름》(1998), 《생활세계의 창조와 실천 ― 한국 제주도의 생활지에서》, 《재일 코리안 사전》, 《재일 제주인의 생활사1 ― 안주의 땅을 찾아서》(공저), 《일본인 학자가 본 제주인의 삶》 등이 있다.

제주 해녀의
삶을 찾아
바닷속으로
들어가다

프랑스 출신
배우 겸 감독
안나 주글라

제주 바다, 시시각각 바뀌는 빛의 드라마다, 영화다. 그가 실제 들어가 본 바닷속은 자유였다. 연기가 아닌 해녀 체험, 첫 물질부터 선수였다. "아예 여기서 해녀하지." 소라와 성게를 따는 그를 보고 귀덕리 해녀 선생님이 그랬다. "바닷속은 정말 놀라웠어요. 아름다웠어요. 바로 성게를 탁 까서 해녀 할머니가 손바닥에 올려줬는데 그게 아이스크림처럼 살살 녹았어요." 그의 이번 작품은 〈제주의 인어, 해녀〉(가제). 다큐 형식의 극영화를 찍기 위해 귀덕리 '해녀 선생님' 댁에 머물며 사전 조사를 하고 있는 프랑스 태생의 이 여자, 중국에서 활동하는 영화감독이자 배우 안나 주글라다. 겁도 없이 우도의 동굴 속을 누비며 촬영했다. 그에게 제주 해녀는 어떤 의미인가. 그는 말한다, "제주 해녀는 상처를 치유하는 존재"라고. 제주 바다 곳곳에서 들락날락 물질하는 생명력 넘치는 해녀들 앞에선 저절로 고개가 숙여진다 했다. 그렇기 때문에 미안해서 카메라를 들이댈 수 없다는, 제주 바다와 닮은 이 젊은 배우는 제주에 푹 빠져 있었다.

"다큐는 시간의 변화를 담아야 하는데 제주도는 정말 드라마틱한 시간이 흐르는 곳이에요. 공간을 비추는 빛의 이미지가 매시간 다른 이야기를 하고 있어요. 제주도는 히치콕 영화처럼 서스펜스가 있고, 사람을 끄는 힘이 있지요. 매 순간, 끊임없이 사람을 긴장하게 하는 에너지가 넘칩니다."

해녀들과 직접 만나기 전, 그는 성산일출봉을 낀 올레 코스를 걸었고, 우도에서 3일 동안 동굴 다이빙을 했다. 두렵진 않았을까? "재밌었어요. 정말 드라마틱한 세계였어요. 물질을 배우는 건 체험일 뿐이죠. 그렇지만 해녀들에겐 삶 자체이기 때문에 물질은 힘든 노동이라고 생각해요." 그래서일까. 우도 해녀들에겐 인사만 건네고 눈에만 담았다. 그 경건한 노동에 아직은 카메라를 들이댈 수 없었다.

그는 이미 타이완에서 시작해 오스트레일리아, 동티모르, 발리, 필리

핀에서 다이빙을 해봤다. 하지만 제주도는 달랐다. 아주 색다른, 강력한 느낌이었다. 안나 주글라는 해녀들의 숨비소리에서 참았던 생존의 소리를 들었다. 해녀들의 가슴 깊은 곳에서 올라오는 숨비소리를 들었다. 그녀들의 해방 공간인 바다와 불턱(해녀들이 물질하다 잠시 나와 몸을 녹이거나 쉬기 위해 바닷가 바람막이에 돌담으로 둥그스름하게 에워싼 곳, 해녀 탈의장으로도 이용했다) 은 참으로 경이로웠다.

"특히 생존과 싸우는 소리, 피를 토하는 그 소리가 매우 인상 깊었어요. 상상만 해도 위험한, 그 소리를 전부 녹음할 겁니다." 그는 해녀처럼 깊은숨을 내쉬었다.

제주 해녀는 상처를 치유하는
존재

"수중촬영을 하면서 바다 이미지를 찍고 싶었어요. 시적인 영상물로 담고 싶은 거죠. 해녀에게서 바다와 사람이 교감하는 생명력을 느꼈어요." 국내외에서 해녀는 많은 감독이 영상에 담아낸 매력적인 주제다. 그는 실제 이미지에 카툰, 일러스트를 가미해 문화인류학적인 시각으로 담아낼 생각이다. 그에게 다큐 영화는 이번이 세 번째. 해녀의 이야기를 다큐멘터리 글쓰기와 신화, 전설 등 픽션적 상상력을 결합시켜서 보여주는 형식에 정서적이고 시적인 분위기를 담고 싶다. 일본의 '아마'도 조사할 생각이라 했다.

"제주 바다는 여성들의 삶의 공간이면서 치유의 공간입니다. 제주 해녀가 전 세계적으로 주목받았으면 좋겠어요. 해녀만이 아니라 제주도 자체가 살아 있는 신화입니다. 그 신화를 세계가 볼 수 있도록 했으면 해요."

해녀의 시선을 가지려면 함께 살면서 물속에서 만나는 일이 중요하다는 안나 주글라. 그래서 해녀 어머니 댁에서 함께 생활하면서 그렇게 바라던 물질(프리 다이빙)도 해봤다. 산소통 없이 직접 물에 드는 경험, 역시 체험만 한 스승은 없었다. 놀라웠다.

제주시 귀덕리에는 해녀의 물질을 배우고 싶어 하는 사람들에게 문을 활짝 연 세계 최초의 해녀 학교인 '한수풀해녀학교'가 있다. 해마다 5월부터 8월까지 50여 명을 대상으로 문을 연다. 전국 각지에서 온 사람들과 외국인도 이 흥미로운 학교의 신입생이 된다. 점점 사라져가는 해녀 문화를 계승하기 위해 창의적으로 운영하는 이 해녀 학교는 갈수록 인기가 치솟고 있다. 이 학교 교장 선생님의 배려로 안나 주글라는 해녀 학교 선생님인 해녀 할머니를 소개받았다.

제주로 오기 전, 그는 이미 일본과 한국의 친구를 통해 제주의 역사와 문화에 대해서 단편적인 지식은 알고 있었다. 그러나 지금부터 공부를 해야 한다는 안나 주글라. 그는 프랑스 노벨문학상 수상작가 르 클레지오의 〈제주 찬가〉를 읽고 감명을 받았다.

"남경대학살은 많이 알려졌는데 제주4·3은 잘 알려지지 않은 것 같아요. 르 클레지오가 성산포에서 있었던 학살에 대해 쓴 것을 읽었는데,

부모의 피가 묻은 모래 위에서 놀고 있는 아이들에 대한 글을 읽고 큰 충격을 받았어요." 앞으로 제주의 아픈 역사에 대해서도, 그러한 아픈 상처를 안고 살아가는 제주 사람들에게도 시선을 두고 싶다 했다.

암을 이긴 그의 어머니처럼 강한
여성들

그의 관심사는 여성과 바다에서 시작됐다. 바다와 여성이 만나는 지점, 그곳은 어디일까? 그 이야기를 하고 싶었다.

"그런 존재가 어디 있을까, 찾다 보니 강력한 여성성을 가진 존재가 해녀라는 것을 알았어요. 물론 해녀의 존재는 오래전부터 알았지만, 바다와 생존이 만나는 지점, 생태 친화적인 존재가 해녀였어요. 그들은 분명 나를 외지인 여성으로서 바라보는 입장도 있을 거예요. 하지만 같은 여성으로서 느끼는 공통점도 있을 거라고 봐요. 그래서 그런 불화 또는 화합도 담아내고 싶어요."

그에게 제주도는 엄마의 고향인 프랑스 북서쪽을 떠올리게 하는 섬이다. "제주도는 너무 아름다워요. 엄마의 고향 바다는 물결이 세고 신비롭죠." 제주 해녀들의 모습에서 그는 고향의 어머니가 겹쳐진다. 그의 어머니 역시 강인하고, 눈물 나게 하는 사람이어서 그럴까?

"우리 어머니는 암이 네 번 연달아 발생해서 여러 번 수술했어요. 그런데 여전히 살아 계세요. 엊그제 또 수술을 하셨대요. 엄마는 강하고 매

생명의 숨소리, 숨비소리

'숨비소리'는 해녀들이 잠수한 후 물 위로 나와 숨을 고를 때 내는 소리다. 마치 휘파람을 부는 것처럼 들리는데, 약 1, 2분가량 잠수하며 생긴 몸속의 이산화탄소를 한꺼번에 내뿜고 산소를 들이마셔 '호오이 호오이' 하는 소리가 나기 때문이다. 해녀들은 '숨비소리'를 통해 빠른 시간 내에 신선한 공기를 몸 안으로 받아들여 짧은 휴식으로도 물질을 지속할 수 있다. 그러므로 '숨비소리'는 해녀들의 생명을 지켜주는 숨소리인 것이다.

한수풀해녀학교 선생님들

제주시 한림읍 귀덕리에 있는 한수풀해녀학교는 외국인과 전국에서 물질을
배우러 오는 사람들로 인기가 높다. 마을의 상군 해녀들이 해녀 학교의
선생님들이다.

우 쾌활한 성격이에요. 저도 강한 여자를 좋아해요. 제주도 해녀들도 매우 강해요. 그들을 존경해요."

그런 어머니의 딸이어서 그럴까. 어머니의 수술 대목에선 목소리가 가라앉을 만한데 명랑하고 긍정적이다.

중국에서 영화배우이자 감독의 길
걸어

프랑스 태생의 배우이자 감독인 그의 활동 무대는 중국이다. 대부분의 삶과 활동 공간, 쉴 수 있는 공간인 집도 중국에 있다. 거기서 그가 출연한 장·단편 영화는 30여 편. 어떤 작품은 주연으로 출연하기도 했다. 그가 맡은 역은 주로 외국 대사 부인, 기자 등이다. "잘 알려지지는 않았어요. 군인들 영화에 주로 출연했죠."

비행사 출신 아버지, 스튜어디스 출신 어머니의 1남 1녀 중 막내로 집에서 가장 먼 어딘가로 떠나고 싶었던 아이는 어려서부터 상상한 공간이 중국이었다. 옛날엔 벌을 받으면 가는 곳이 닫힌 사회였던 중국이라고 생각했던 부모는 그런 그를 이상한 아이라 여겼다 했다. "처음엔 한자가 인상적이었어요. 한자의 형태가 이미지로 다가와서 그림으로 그렸으니까요."

그의 아시아 순례는 자연스러웠다. 파리 태생의 그가 미국에서 고교를 졸업하고 타이완으로 유학을 가면서였다. 타이완에서 3년의 과정을 마치자 중국으로 날아간 것이 1996년, 베이징영화학교는 그에게 본격적인 영화의 길로 들어서게 했다. "연기를 먼저 해야겠다고 생각했죠. 처음엔 연극하는 모임에서 무대 연극을 하면서 연기를 배웠어요. 나중엔 영화 찍는 것과 연기를 병행했어요. 내게는 배우도 감독도 모두 큰 의미가 있어요. 표현 방법이 다를 뿐 어떤 식이든 나를 표현하는 것이죠."

동티모르와 제주, 같으면서도 다른
바닷속

그는 여행을 좋아한다. 1년에 반은 파리나 베이징에서 지낸다. 한 해의 반 정도는 오스트레일리아 등 다른 나라에 산다. 단순한 여행이 아닌, 영화 여행을 하며 2002년부터 세계를 무대로 영화를 찍어왔다. 여러 나라를 다녔으나 그에게 매력적인 섬은 동티모르. 거기엔 해녀가 아닌 해남이 있다. 그곳에서 몇 개월 살면서 다큐 〈에피소드 1〉을 찍었다. 지금은 제2편을 찍는 중이다. "여행 일기식 다큐죠. 사람과 역사와 문화가 주제인…." 동티모르는 유럽에 알려지긴 했으나 부분적으로만 알려진 섬이다. 그는 제대로 자신의 목소리를 담아 전 세계에 알려주고 싶었다. 이런 작업 덕에 노벨상을 받은 주제 라모스 오르타 대통령과는 매우 친한 친구라 했다.

"친구들이 부모가 없거나 기아에 허덕이는 아이들을 위해 고아원을 그 섬에 열었는데, 거기 도와주러 갔어요. 독특한 역사를 갖고 있는 동티모르는 트라우마가 있지만 아이들은 맑아요." 이상하게 동티모르와 제주가 겹쳐진다 했다. 모험하듯 불을 비추면서 헤집던 우도 동굴. 평소엔 30~40미터까지 들어갔지만 이날은 16미터까지 다이빙했다. "들어갔다 나와서 숨 쉬고 들어가는데 마치 해리슨 포드가 된 거 같았어요."

제주 바다의 어떤 점이 그를 물속으로 끌어당겼을까. "한쪽은 아열대, 한쪽은 북유럽 느낌이 공존하는 것 같아요. 양립할 수 없는 것이 공존하고 있어서 충격을 받았어요. 사계절로 치면 물속은 지금 가을이에요. 여름과 가을, 그린과 보라색 톤이죠. 제주는 변화가 강한 달의 섬이고 동티모르는 변화가 없는 해의 섬 같아요. 동티모르는 남성적이고 제주는 여성적이죠. 동티모르는 식민지 시대의 라틴족 특유의 축제 문화가 남아 있고, 평화롭지만 어느 날 강한 트라우마가 올라와서 폭력이 일어나기도 해요. 제주 역시 트라우마가 있는 곳이어선지 자연에서 날선 느낌을 받지요."

영화 여행에서 최대 관심사는
사람

그의 관심사는 사람이다. "해외여행을 하면서 늘 인간 자체에 감동해요. 그들을 내 목소리로 표현해보고 싶은 거예요. 차이도 있고 관심도 다르지만 결국은 같은 사람이라는 것을 느끼는 것이 여행의 종착역인 것 같아요." 떨어진 대상으로 바라보는 것이 아니라 인간 그 자체에 다가가서 정서를 느끼는 것이 가장 중요하다고 생각한다.

여행의 끝자락에 오면 그 사람이나 나나 행복이나 아픔을 느끼거나, 동일한 위치에 있는 사람임을 느낀다. 세계는 분리되고 단절돼 있지 않고 사람으로 연결돼 있음을 알게 된다. 제주도 사람들은 너무 따뜻하고 친절해서 눈물겹다는 여자, "나이 들면 우도에서 창문을 열어놓고 소설 쓰면서 살면 좋겠다"는 바람 같은, 바다 같은 여자, 호기심으로 똘똘 뭉쳐진 싱그러운 이 여자, 말하지 않아도 얼굴엔 이렇게 쓰여 있다. '인생은 도전하는 것, 매 순간, 작은 것에도 행복을 느낀다'고.

프랑스어·에스파냐어·포르투갈어·영어·중국어 등 5개 국어에 능통한 그에게 제주어는 배우고 싶은 언어가 됐다. 이제, 본격적으로 찍게 될 그의 작품은 과연 어떤 색깔일까?

안나 주글라(Anna Jougla) 1975년, 프랑스 파리 출생. 영화감독, 배우, 스쿠버다이버. 미국 펜실베이니아에서 고교 졸업 후 타이완 타이페이 스다대학 졸업(아시아학, 중국어-만다린 전공). 중국 베이징영화학교(영화감독) 석사. 이후, 수년 동안 여러 나라에서 영화감독, 연출, 번역, 연기 등을 하면서 열정을 쏟고 있다. 장민 감독의 〈그림자〉(2010) 주연. 여행을 통해 동티모르의 환상적인 대지와 사람들을 만난 뒤 그들을 기록한 다큐멘터리 〈티모르인들〉을 제작했다. 동티모르에서의 인도주의적, 법의학적 작품인 〈산타크루즈의 진실 드러내기 ─대량 학살의 해부학〉으로 과학 다큐멘터리 연출과 코디네이터로 활동했다. 막스 스탈·오다 겐이치로 감독이 중국 베이징에서 편집한 독립영화 〈세 자매〉(2007)의 연출과 조감독으로 활동하는 등 30여 편의 영화에 배우나 감독 혹은 연출가로 참여했다.

남북의 바닷물이
합수하듯
고향 바다를
찾아온 모녀

**재중 해녀 어머니 김순덕과
무용가 딸 진향란**

제주 관객 앞에서, 고향 성산포의 어르신들 앞에서 중국 옌벤의 일급 무용수인 딸 진향란은 어머니를 대신해 인사를 했다. 성산포에서 태어나 함경도에서 해녀 작업하다 중국인과 결혼하고, 중국에 살고 있는 어머닌 조선 국적이어서 고향에 올 수 없었다고. 그리고 중국에서 녹음해온 어머니의 목소리를 들려주었다. 어머닌 고향의 벗들에게도 안부를 전했다. 고향을 그리는 애절한 어머니의 음성에 객석은 눈물바다를 이뤘다. 1990년 12월이었다. 그 어머니 김순덕. 그녀는 어디서든 "고향은 제주도, 나는 해녀"라고 당당하게 밝히며 사는 제주 출신 해녀다. 성산포 채바다 씨와의 인연으로 늦었지만 고향과 더 가까워졌다는 이들 모녀. 이번엔 모녀가 나란히 찾았다. 제주해녀박물관에서 열린 해녀축제에 초대받아서다. 아흔 살의 왕년의 이 상군잠수(해녀). 정겨운 함경도 말투였고, 따뜻한 시선으로 시종 제주 사람들과 제주 바다를 들여다보았다.

그녀가 가방 속에서 꺼낸 것은 아주 작은 알이 박히고 쇠 테두리를 두른 작은 안경. 첫눈에도 참 닳고 닳은 연륜이 느껴졌다. 80년 세월을 함께했다는 그 안경은 해녀들이 물질할 때 끼는 '족은눈'으로 '큰눈'이 나오기 전에 쓰던 해녀들의 물안경이다. 익숙한 모습으로 그 수경, 흐린 눈에 곱게 써 보인다. 열 살 무렵부터 썼다는 그 '족은눈'은 한 번도 품에서 떠난 적 없는 그녀의 '고향'이다. 거기엔 해녀라는 직업의식과 성성하게 자식들을 키워낸 자존심이 깃들어 있다. "이 안경을 제주에서 청진까지, 중국까지 갖고 갔어. 이것 보면서 자나 깨나 제주도 생각했지 뭐. 살이 빠지니까 이젠 맞지 않아."

성산포, 이제 고향엔 친구들 간 데 없고, 무정한 물결만 차르륵, 흘렀다. 성산포 터진목에선 '애기상군'(뛰어난 기량의 어린 잠녀) 소리 듣다가 꽃같던 열일곱에 저 함경북도 청진으로 건너갔다. "눈물밖에 안 나요. 꿈

70여 년을 간직해온 족은눈을 써 보이고 있는 해녀 김순덕

같은 일이지요."

그리던 고향 바다 바라보는 그녀의 눈에는 흘러간 청춘의 물결이 자옥했다. "우리 민족이 큰 타격을 받았어요. 왜정시대에는 일본 사람들한테. 해방 후에는 이산가족이 됐죠. 북에서는 제주 사람들 몰라줘요. 나라가 있으니까 우리가 있지. 수십 년 동안 남북이 갈려서 편지도 왕래 못하고 아직까지 통일도….”

성산포 바닷가에서 휘이 떠난 뱃길, 어느새 저 먼 나라 중국까지 흘러갔다. 언뜻 살아온 길 뒤돌아보니 굽이굽이 참 먼 길을 흘러온 한 여인의 생, 부초 같은 삶이었다. 고향엔 정겹게 그 이름 불러주는 이 아무도 없고 쓸쓸하게 부서지는 파도와 맑은 햇살뿐. 바다 냄새를 맡아본 게 언제인지 가물가물. 아득한 고향이었는데 돌아오니 옛 기억의 우물은 깊고 깊기만 했다. 퍼내고 퍼내도 다시 고이는 기억의 우물은 환하고 고요했다.

조용하지만 품위가 느껴지는 어조, 우리글로는 제 이름자도 못 쓰지만, 일본 말 중국 말에 능한 김순덕. 그녀는 언제나 고향의 물결 소리, 고향의 깊고 푸른 물빛을 가슴에 품고 산다. 딸은 그런 어머니를 “마음속 깊이 존경하며 살아간다”고 한다.

청진 물질, 어머니에게 배운
해녀 정신

“어머닌 청진에서는 소쿠리 가득 물질하고 남는 시간엔 뜨개질했죠. 상당히 감성이 풍부해서 고향 얘기만 나오면 눈물을 줄줄 흘리셨어요.” 어머니의 손 꼭 잡고 더딘 걸음 받쳐주는 싹싹한 딸 진향란은 중국 지린(吉林) 성 일급 안무가다.

딸은 어머니에게서 해녀 정신을 물려받았다 했다. 어머니는 담대했다. 두려움이 없었다. 청진에서 물질 나가면 다른 해녀들이 대개 어머니만 따라다녔다.

"이리 가자, 하면 이리 가고, 그게 바다 해녀 정신이에요. 평소에도 어머닌 제주도 정신, 해녀 정신 가르쳤어요. 하자고 하면 안 되는 일이 없어요. 무조건 하자면 해요. 호되게 야단도 치고, 성격은 좋지만 강하시죠. 남한테 지지 않고 폐 안 끼치고, 쉴 때가 없어요. 낮엔 바다에서 물질하고 밤엔 양털로 목수건 떠요. 추운 겨울에도 우린 다 한방에 자는데 포대기 뒤집어쓰고 떠요. 일본 사람 뜨는 방식으로요. 함경도 살 때(57, 58년경) 시내에서 양을 기르지 못하게 해서 시골 화교 집에서 양을 길렀어요. 어머닌 손이 빨라요. 하룻밤에 수건 긴 거 하나 떠요. 뜨개질은 한 열 살 때부터 하셨대요. 우리 어머닌 뭘 배워도 감각이 좋아서 빨라요."

아홉 살부터 나간 바다, 부지런한
'애기상군'

　　　　일제강점기, 일본 순사가 외할아버지 '상퉁이(상투)'를 자르고 있었다. 순간 그 모습을 본 외손녀 김순덕이 웃었다. "내가 철이 없는 사람이지요. 어머니가 나를 빗자루로 막 때렸어요. 나라가 없어서 이렇게 수모를 당하는데 너는 웃는다고. 우리 외할아버지가 독립 만세를 불렀어요."

"성산포 바닷가에서 휘이 떠난 뱃길, 어느새 저 먼 나라 중국까지 흘러갔다.
언뜻 살아온 길 뒤돌아보니 굽이굽이 참 먼 길을 흘러온 한 여인의 생, 부초
같은 삶이었다. 고향엔 정겹게 그 이름 불러주는 이 아무도 없고 쓸쓸하게
부서지는 파도와 맑은 햇살뿐. 바다 냄새를 맡아본 게 언제인지 가물가물. 아득한
고향이었는데 돌아오니 옛 기억의 우물은 깊고 깊기만 했다. 퍼내고 퍼내도 다시
고이는 기억의 우물은 환하고 고요했다."

바다에는 아홉 살부터 나갔다. "어렸을 적부터 난 애기상군이야. 부지런해서 어디 가도 일본 말도 잘하고 칭찬받았지. 에구, 혹시 자랑같이 들릴까 걱정이야. 오빠 둘이었는데, 큰오빠가 내게 양말 한 켤레 주고 일본으로 떠났어. 그 후론 끝이야. 홀로 겪은 고생이야 말로 할 수 있나. 공부는 하고 싶어도 할 형편도 못 됐지. 집안은 괜찮은데 우리는 돈이 없으니까. 아버지가 목수야, 성산포 유명한 목수. 우리 엄마는 관절염 걸려서 일을 잘 못했어요. 난 아홉 살부터 남의 집 '애기업개' 했어. 잠수들 집에 가서 아이를 봐주는 일을 했어. 바다에 가서 잠수들 물질하는 동안 거기서 지켜봐야 했어. 나는 이다음에 시집가면 아이한테 절대 일을 안 시킨다고 맹세했어. 그래서 우리 아이들은 일할 줄 몰라. 난 애들한테 일하라고 해본 적 없어. 너네는 공부해라, 나만 일한다. 어디서 중매 오면 우리 딸들은 밥할 줄 모른다고 그래. 그래도 내 딸이 좋으냐? 물어봐요. 중국 남자들이 집안일 잘해요."

어머니의 바다, 생사를 건
성산 바다

　　　　어머니의 어머니도 해녀였다. 다리가 불편한 어머니였지만 어머니는 물질을 잘했다. 바닷속 사금파리 주우며 물질을 배우던 소녀 김순덕에게 제주 바다는 생존터였고, 거기에 모든 꿈이 자라고 있었다. 바다의 모든 것은 돈이 되었다. 어떤 날은 파랗고, 어떤 날은 사나웠던 성산포 바다, 그 아름다움 뒤엔 늘 위험이 도사리고 있었다. 바다로 나간다는 건 생사를 건다는 것임을 그때 깨달았다.

그녀가 열일곱 살 때였던 해 7월 폭풍우 치던 어느 날, 바다에 나갔던 배가 엎어졌다고 난리가 났다. 해녀들이 총출동했다. "어리니까 나를 안 데리고 가. 그래도 따라 들어갔어. 사람들이 시체를 건졌어. 거기 죽은 사람 중 하나가 내 약혼자야. 거기 있는 줄도 몰랐지. 아버지가 막 울고 야단이야. 그 시체를 밤에 남자 둘이 지키다가 저녁 먹으러 간다고 나가. 비가 오는데 내가 지켰어. 마침 그때 일본 형사가 조사하러 왔어. 그때 나이도 어린 여자가 좋은 일을 했다고 신문에 났댔어."

함경북도 청진으로
출가 물질

함경북도 청진으로 출가 물질을 나선 것은 열일곱 살, 1939년이었다. "청진에 제주 해녀가 많았어. 이만한 전복, 해삼, 성게 따고 미역도 했지." 해방되자 고향을 찾았는데 그때 본 고향이 마지막 모습이 되고 말았다. 후일 작은오빠가 제주4·3 때 행방불명됐음을 뒤늦게 알았다.

김순덕은 청진에서 제일 큰 일본 회사에서 일했다. 배 일곱 척이 있었다. "먹을거리는 다 이 집에서 나가. 중국 물건을 일본에까지 다 싣고 가는 거야. 나는 물건 검사받게 하는 심부름을 했어요." 그때 삶은 힘들었으나 견딜 만했다. 그러나 위험한 전쟁 때였다. "열일곱 살이 넘으면 싱가포르 배에 실려서 군대 위안부 간다고 했어. 무서웠지. 결혼한 사람은 뽑히지 않는다고 했어." 결혼은 그때 그녀에겐 생명줄과 같았다.

업고 이고, 들고 지고 키운
어머니

그녀는 심부름 다니던 빨래방 여인들의 주선으로 서둘러 결혼했다. 이 대목에서 딸이 이어받았다. "그때 우리 아버지가 더운물에 발을 상했대요. 어찌어찌 어머니가 병문안 갔는데 그래서 잘됐어요. 중국 사람을 '대놈'이니 '짱꼴레'라 할 때여서 부담이 컸어요. 그래도 우리 아버지가 없었다면 우리도 세상에 못 있지요. 우리 아버지, 착한 사람이에요. 우리 어머니가 하는 결정에 다 따라요. 쩔쩔매요. 어머니가 아버지 평가하기를, 구들방에 올라가면 베개 하나 알고 방을 내려오면 신발 한 켤레 안다, 그랬어요. 그만큼 자상했어요."

아버지를 떠올리는 그녀의 목소리가 활기차다. "저희 외할아버지도 목수인데 우리 아버지도, 중국 산둥 성 출신 목수예요. 가구 만드는 목수. 아버지는 일본인 회사에서 배운 목수지요." 아버지는 86세로 세상을 떴다.

청진에 있을 때, 어머닌 한 번도 중국 시댁에 다녀오지 못했다. "우리 어머닌 북조선 여권을 갖고 있어서 중국에 못 갔어요. 우린 화교니까 갈

수 있었어요. 우리 어머닌 중국에 쌀자루, 간식까지 보냈어요. 어머니는 정이 깊어요. 바다에 나간다, 장사한다, 정말 바빴어요. 우리 어머니 위대해요. 51년 전쟁 통에 우리 집, 산골 이층집인데 폭격 맞아서 굴뚝 하나만 남아 우리는 시골에 피난 갔어요. 어머닌 큰 동생 업고, 콩기름에 입쌀 들고, 이불 지고 가서 우리를 먹였어요."

중국에선 국가 식당에서 일하고 두 달 정도 냉면 요리하는 것을 배워 기사(요리사)가 됐다. "국수라고 하지요, 함흥냉면." 어머니를 말하는 대목에서 딸은 자랑스러운 마음을 감추지 못했다. 늘 자식이 우선인 어머니였다.

최승희와 딸 안성희에게
배운 춤

자식들은 모두 아버지 따라 한족이었으나 진향란은 어머니를 따라 조선족이다. 그녀는 1981년에 조선족으로 고쳤다. 그건 자존심이었다. "장춘에서 1980년에 바라춤으로 전 중국 대회에서 2등상을 받았어요. 중국 무용 잡지 청탁을 받고 조선 민족무용 발전에 대한 논문을 썼어요. 당시 옌볜 지역 조선족들이 잡지사에 항의했어요. 한족이 무슨 조선 무용을 연구할 자격이 있냐고. 그때 호적을 갖고 가서 고쳐버렸어요. 주소가 함경북도 청진시로 나오니까 고쳐줬어요."

그녀의 스승은 조선 최고의 무용가 최승희와 그의 딸 안성희다. "무용 창작은 중국에서 배웠어요. 평양에서는 춤만 배웠지요." 한복 꼬리 치마에 코신 신고 평양 거리를 걸어 나가면 누구나 쳐다봤다는 최승희가 졸업 시험 칠 땐 심사 위원으로 앉아 있었다. 기품 있는 미인이었다. "한없이 높을 뿐이었어요. 지금 우리 학생이 날 쳐다보는 것처럼."

모스크바에서 공부한 딸, 안성희는 직접 사사한 은사였다. 러시아에서 발레를 배운 그녀는 키가 컸다. "성격 무용, 집시 춤을 배웠어요." 그녀의 영향으로 발레와 조선 춤이 가미된 춤을 췄다 했다.

"지금 가르치는 우리 학교 대학생은 1, 2학년은 학교에서 공부하고, 3학년이 되면 취직하고 공연할 수 있어요. 1년에 두 번 방학 기간에 와서 공부하고 시험 치죠. 우리 학교 특색은 학생들이 취직을 잘해요. 학교 선생들이 모두 가무단의 배우여서 무대 경험이 풍부하죠. 어떤 대학은 학생들이 무대 올라가면 경험이 없으니까 웃지도 못해요. 우리 학교는 조선 무용만 하지 않아요. 지린 성이니까. 전부 조선 춤만 가르치고 추는 옌벤 자치주와 달라요. 지린 성에는 네 개의 민족이 있는데 만족, 한족, 조선족, 몽골족 무용 다 할 줄 알아야 해요."

뒤늦게 찾은 고향, 제주의
친족들

오래도록 갈 수 없었던 고향 제주도가 궁금했다. 어머니의 형제들은 다 어디로 갔을까? 60년대, 어머니의 친족들을 찾을 수 있는 기

물질 잘하는 어린 해녀, '애기상군' _만농 홍정표

김순덕 여사의 어린 시절처럼 바닷가 마을 아이들은 대개 열대여섯부터 바다에 들어 물질을
했다. 이 무렵에 물질을 잘하면 '애기상군' 소리도 듣는다. 족쉐(족은)눈에 망시리와 호미를
든 어린 해녀의 시선이 결코 만만치 않다. 눈은 해녀의 잠수 도구인 물안경으로 종류는 두
가지가 있다. 하나는 왕눈 혹은 큰눈, 통눈이라는 하나짜리 물안경이고 다른 하나는 쌍눈,
족쉐눈이라는 쌍안경이다. 오늘날의 '왕눈'이라는 물안경은 1950년대부터 쓰기 시작했고,
이전에는 '족쉐눈'이라는 쌍안경을 사용했다.

회가 주어졌다.

"청진엔 제주도 해녀가 많았어요. 62년엔 북송선을 타고 온 재일동포 해녀가 많았죠. 그분들을 통해 오사카에 있는 어머니의 큰오빠를 찾았고, 큰외삼촌 자식들, 이종사촌이 제주 와서 호적을 찾았어요. 그래서 친족을 찾았어요."

과격했던 시대였다. 제주도와 일본, 그리고 북한, 중국까지 폭풍우의 시대를 온몸으로 살아내야 했던 김순덕의 가족사. 몇 날 며칠 대하드라마로도 모자라겠다. 김순덕의 삶, 그 자체가 바다 위에 뜬 부표 같다. 그렇게 흩어져 살아선지 잘 자란 딸들은 모두 중국 남자들과 결혼했고, 밥할 줄 몰라도 잘만 산다 했다. 둘째는 중국 제일가는 신장 전문의다. 다른 딸들도 전부 자기 일을 갖고 있다. 가족의 정 또한 남다르게 두텁다. 설날과 어머니 생일날엔 반드시 전국 각지에서 가족들이 모인다 했다. 해녀 김순덕, 그녀는 시종 겸허했다. "자랑할 게 뭐 있습니까. 자랑하다 숭(흉) 납니다." 그냥 구불구불한 생을 걸어왔을 뿐이란다.

간난신고를 피할 수 없었던 시대였고 삶이었다. 혹한의 삶, 바람 센 성산포 터진목에서 그 끝자락 청진, 그리고 중국에 이르기까지 홀로 삭였을 눈물의 여정이었을 것이다. 그 세월, 그 기억을 제 안에 가두고 가두어도 비어져 나왔을 텐데 표정은 폭풍우 뒤 성산포 아침 바다처럼 고요했다.

해녀 어머니와 무용가 딸, 이제 그 어머니의 어머니가 물질하던 제주 바다를 바라봤다. 모녀의 젖은 눈이 가 닿은 세상은 어디인가. "통일된

세상이 와야지요." 한사코 고향에 누를 끼쳐선 안 된다는 어머니, 나지
막하게 읊조렸다. "이 바다를 봐. 얼마나 고운가. 제주도를 떠나면 다시
생각나겠어. 와서 대우만 받고 미안합니다."

여든 살도 더 먹은 수경 '족은눈'을 만지작거리는 저 여리고 늙은 손
위에 춤추듯 하얀 딸의 손이 포개졌다.

김순덕과 진향란
/
어머니 김순덕은 1923년 제주도 성산포 출생. 열일곱 살에 함경북도 청진으로 출
가 물질, 청진에서 싱가포르 배를 타면 군위안부로 끌려간다는 소식을 듣고 스무
살에 중국 산둥 성 출신 남자와 결혼, 물질하며 살다가 문화혁명기인 1967년 중국으로 이주, 6남매를 키우
며 식당 일 등을 했다.

딸 진향란은 1947년 함경북도 청진에서 1남 5녀 중 장녀로 태어났다. 평양화교학교를 다녔고, 15세 때부터
무용을 시작했다. 1962년부터 66년까지 현재의 평양음악무용대학(평양예술대학, 구 최승희무용학교)을 졸업, 1967
년 중국 창춘으로 가족이 이주하자 지린 성 가무단의 무용 배우가 됐고, 베이징무용대학 안무연출과에서 조
선 무용, 중국 고전무용, 만족 무용, 발레 등을 배웠다. 1984년 최고 교수급인 일급 안무연출가로 승진하고,
베이징 아시안 게임 때 무용극 총연출을 했다. 지린 성 안무단 부단장, 지린 성 가무극원 종합예술대학 총장
을 맡고 있다. 한국과 지속적인 문화 교류를 해오고 있다.

선한 사람들이
아름다운 자연을
지켜낸다

베트남
여성 종군작가
레 민 퀘

그와 대화를 나누는 동안 제주4·3이 여러 번 스쳐갔고, 포개졌다. 제주와 닮은 아픔을 간직한 베트남전쟁의 상처, 깊다. 열여섯 소녀가 전장에 뛰어들었다. 그것도 베트남전쟁에서 가장 치열했던 전투에. 그가 본 것은 하노이 거리를 울면서 가던 아이들과 노인들의 피난 행렬이었으며, 자식 아홉을 잃은 어미였으며, 포탄이 휩쓸고 간 거리의 황량함이었다. 종군기자가 됐고, 소설가가 됐다. 기나긴 전쟁을 겪은 그는 차마 그 모습을 소설로 건드릴 수 없다 했다. 너무 기막혀서 눈물이 말랐다던 4·3의 슬픔처럼, 베트남전은 소설보다 더 리얼했을 것이다. 레 민 쾌는 청춘을 포탄이 난무하던 전쟁터에서 보냈던 하노이의 작가다. 2012년 5월 제1회 평화문학 국제포럼차 제주를 찾은 그는 선한 사람들이야말로 아름다움과 자연을 사랑할 줄 안다고 했다.

그가 제주에서 본 것은 바로 아름다움이었다. "그러나 이런 선을 지키고 가꾼다는 것은 굉장히 공이 많이 들어가는 것이지요." 매혹적인 오월, 젊은 초록 앞에서였다. 레 민 퀘. 그는 겉으로 보이는 제주의 평화가 진정 내면까지 평화롭기를 희망했다. 전쟁을 몸으로 살았으나 작가의 얼굴은 참 맑았다. "전쟁에 대해서 쓴 것은 적습니다. 저는 현대적인 삶에 대해서 쓰는 것을 좋아합니다. 전쟁이 늘 있었던 베트남에서는 전쟁을 견뎌내지 못했다면 살아날 수 없었을 겁니다. 저는 작가니까 전쟁에 대해서 건드리려면 속이 상하거나 열이 올라서 직접적으로 쓰지 못했습니다."

레 민 퀘. 그는 단편소설 작가다. 국내에선 단편적으로만 번역돼 그 이름이 생소하지만 그의 소설은 이미 세계 여러 나라에서 번역, 출간되고 있다. 한국 방문 세 번째, 그의 단편소설집이 이번 제주 길에 통역을 맡아준 최하나의 번역으로 나올 예정이다.

1975년 베트남 중부 다낭 시에서 해방을 맞이하기까지 전쟁은 그의 어린 감수성을 지배했다. 그가 19세에 쓴 첫 단편집 《머나먼 별들》은 베트남 중학 과정 문학 교과서에 소개가 됐고, 수많은 외국어로 번역 출판된 작품이다.

전쟁에 뛰어든 열여섯

소녀

태어나고 보니 전쟁이었다. 다섯 살 때, 토지개혁의 와중에 교사였던 부모를 잃었다. 친족에게 맡겨진 두 자매는 함께 자랄 수 없었다. 그런데도 그는 용감했다. 청년돌격대로 전쟁에 참여할 때는 그의 나이 열여섯. 두렵진 않았을까. 그를 모든 두려움에서 해방시킨 것은 독서였다.

"어려서 많은 책을 읽었습니다. 그땐 전쟁이 굉장히 낭만적인 게 아닌가 생각도 했죠. 저희들은 책을 읽으며 전쟁 속의 영웅에 대한 이미지를 형성하게 됐어요. 당시 프랑스 식민지 시절 프랑스인을 암살하려다가 응우옌 반 쪼이란 사람이 잡혀서 총살당했어요. 그 사람이 멋있었고, 영웅처럼 느껴졌던 때예요. 그의 죽음이 당시 몇십만 명의 청년들을 군대에 가게 하는 효과가 있었습니다. 미국이 포탄을 퍼붓던 굉장히 위기인 때였으니까요."

아이였으나 그는 이미 전선에 나가기 전, 포탄 때문에 죽은 사람들의 시체를 정리하는 일도 했다. 미국이 마을을 포격하던 시기, 수많은 죽음을 목격했다. 그때 그는 열두 살 소녀였다. 열아홉부터 군사 기관지의 통신원, 종군기자로 전쟁의 참상을 글로 써내던 레 민 퀘는 평생 잊을 수 없는 기억이 많다. 순간 그의 표정이 어두워졌다.

"B52기가 하노이를 폭격했을 때 피난민 중에서 아주 어린애가 배낭을 메고 있는 것을 봤어요. 아버지는 전쟁터로, 어머니는 피난지로 가던 길이었죠. 미국의 폭격은 굉장했습니다. 저는 북중부 쪽에 포탄이 많이 투하되는 지역을 다 겪었습니다. 미국 사람들이 남부에 굉장히 무시무시한 감옥을 만들었지요. 직접 나서지는 않았지만 그렇게 심문하는 사람들을 훈련시키는 일을 미국 사람들이 했습니다." 그때 전쟁의 기저에 드리운 미국 사람과 러시아 사람의 그림자, 잊을 수 없다.

살아남은 어머니들, 자식 영정 앞
향 피워

　　　인간의 성격마저 바꿔놓는 것이 전쟁이다. 여럿의 아이를 잃은 어머니의 경우는 이루 다 말할 수 없을 것이다. 그런 모든 것을 참아내는 것이 여성의 힘이고, 숙명일까. 그가 만난 베트남의 어머니들은 한결같이 생명력이 강했다. 그러한 장면을 그는 똑똑히 봤다.

"어떤 어머니는 자녀 아홉 명이 다 죽었습니다. 제가 그런 상황이었다

북촌리 《순이 삼촌》문학비

1978년에 발표된 현기영의 중편소설《순이 삼촌》은 제주4·3을 본격적으로 다뤘는데
4·3 당시 집단 주민 학살의 참상과 상흔을 제삿날 사람들 사이에서 오가는 담론으로
드러낸 작품이다. 작가 현기영은 이 소설을 발표한 뒤 중앙정보부에 끌려가 모진
고초를 겪었으며 소설집은 금서가 되기도 했다.

북촌리에 세워진 《순이 삼촌》문학비는 작가를 드러내지 않으면서 '순이 삼촌'이란
비명을 내세웠다. 이는 북촌 마을 희생자 모두가 순이 삼촌이라는 마을 공동체의 복원을
기원했기 때문이다. 소설 원고가 새겨진 빗돌들이 여기저기 쓰러져 있는 건 당시 죽어간
희생자들의 시신을 연상케 한 것이며 중간중간에 글자가 없는 백비는 드러나지 않은
수많은 비극적 사연과 역사의 올바른 정리를 기다린다는 것을 의미한다.

면 아마 살아남지 못했을 겁니다. 죽은 자식들을 기억하기 위해서 살아 나신 것이 아닌가, 해요. 베트남에서는 향 연기라는 것이 있죠. 죽은 사 람들을 위해 향을 피우기 위해서 어머니가 살아남았다고 저는 생각합니 다." 사춘기 시절 전쟁을 살았던 겁 없던 그는 아이를 갖고, 아이를 키우 면서 비로소 무서운 것이 뭐라는 것을 알았단다. 그에게 전쟁의 트라우 마는 없는 걸까.

"물론 두렵지요. 아무도 제 자신을 보호해줄 수 없지요. 습관이라고나 할까요. 저는 남들이 안 가는 곳을 가고 싶어 하는 면이 있어요. 귀가 멀 면 총소리가 안 무섭다는 말이 있는데, (웃음) 저는 어디어디가 굉장히 위 험하다 하면 다 찾아다녔어요. 저는 군사수송 차량에 앉아 있는 것을 좋 아했습니다. 거기 있으면 신났어요. 그렇지만 애가 생기고 나서부터는 내장이, 창자가 끊어지는 느낌을 받았습니다. 여자들한테는 전쟁이란 게 그런 것 같습니다."

그의 말을 듣는 동안 자꾸만 4·3의 상처를 견뎌낸 제주 여인들이 포 개졌다. 전쟁 통을 뒤지던 그가 해방 후 출판사 편집 일을 하다가 결혼 한 것은 1980년이다. 모성이란 어떤 것인지, 그 심정을 깊이 이해하게 된 것은 그도 어머니가 되고 나서였다. 두려움도 그때 생겼다.

"제게 무슨 일이 생기면 이 아이는 어떻게 되냐는 거지요. 그때부터는 공격에 대해, 전쟁에 대해 꿈을 꾸기 시작했습니다. 바로 자식이 제게 평 온이란 것을 알게 했지요. 그 전에는 두려운 게 없었어요. 저는 혼자였으 니까요."

베트남, 아직도 정신적으론
통일 안 돼

"실제로 베트남전은 내전과 미국에 대항하는 전쟁이 뒤섞여 있었던 전쟁이었습니다. 어떤 가족은 한 집안이 남북으로 갈려서 서로 싸워야 했죠. 그런 가정에서는 어머니가 가장 힘든 사람이 아니었을까요? 그 어머니에게는 양쪽 다 내 자식인데, 그 자식들이 서로 총을 겨누고 싸운다는 것이 어땠을까요? 그런 집이 베트남에서는 상당히 많았습니다. 상당히 복잡한 상황이었고 현재까지도 그 아픔은 계속됩니다."

어떤 사람은 공산당이 싫다고 외국에 나가고, 어떤 사람은 국내에 있다가 사상이 다르다는 이유로 서로 얼굴도 보려 하지 않는 경우도 있다. 그런 상처는 오랜 시간이 지나야 사라지고 아물지 않을까 생각한다 했다.

"40년이 지나고 나니까 이제 겨우 젊은 사람들끼리는 같이 어울릴 수 있다고 봅니다. 그런 게 아마 한국과 다르겠지요. 한국도 예전에 그런 전쟁이 있었잖아요. 시간이 오래 흘렀으니까 이제는 좀 나아졌나요? 베트남은 양쪽 모두 피를 굉장히 많이 흘렸고, 그런 피의 대가로 이룩한 통일입니다. 하지만 통일이 됐다고 하더라도 정신적인 통일은 현재까지도 완벽하게 되지 않았다고 생각합니다. 다음 세대가 이와 같은 분열을 극복하고 진정한 통일국가를 건설하는 데 힘을 모았으면 해요. 분명 그렇게 될 것이라고 믿고 있어요."

제주, 강인한 어머니의 섬,
평화의 땅

　　　　생의 중요한 날들을 비린 전쟁의 냄새 속에서, 삭막한 도시의
거리에서 보냈던 여자. 그의 가슴을 뛰게 만든 것은 한국, 그리고 제주도
사람들이 아름다움을 대하는 태도였다.

"양도 보았고, 조랑말을 키우는 풀밭도 보았고, 숲도 봤어요. 베트남에
서는 그런 광경을 지켜낼 수가 없었습니다. 그게 베트남에서 가장 부족
한 점이죠. 제주도는 평화를 상징할 만한 곳이라고 생각합니다. 선한 사
람들이야말로 아름다움과 자연을 사랑할 줄 알죠. 하지만 이런 선을 지
키고 가꾼다는 것은 굉장히 많은 공이 들어가는 일이에요. 아름다운 것
을 지켜내야 많은 사람이 와서 쉴 수 있습니다. 요즘 한국 문화가 세계
에 알려지는 것처럼 문화를 제대로 알려야겠죠."

그가 제주에서 본 것은 또 있다. 제주 해녀들에게서 강인함과 넘치는
에너지를 보았다. 어쩌면 베트남의 어머니를 해녀에게서 보았던 것은
아닐까. "베트남 여성들 역시 옛날에도 힘들었지만 지금도 여전히 힘들
어요. 베트남 남자들이 부족해서…. 남자들은 총 쏘는 것 말고는 잘하는
게 거의 없어요. 더욱이 모든 일에 게으르기까지 해요. 그래서 여성들이
지금도 힘듭니다."

바람은 비극을 넘어서는

문화 교류

　　　아침부터 나눈 대화치곤 너무 칙칙하고, 무겁고, 어두웠다. 그
렇게 시작한 대화였다. 궂은 날씨 때문에 제주4·3평화공원 전시실만 잠
시 둘러봤다는 그에게 느낌을 물었다. 전쟁의 슬픔은 여기에도 있었다.
그러나 그의 표정은 의외로 밝았다.

　"기념관 내 시설은 베트남에서 배워야 할 것 같습니다. 베트남에서
도 학살이 있는 곳이 많은데, 많이 지워버렸죠. 그런 데 가봐야 젊은 사

제주와 베트남 여성의 아픈 역사와 닮은, 절정의 순간 땅에 떨어진 동백꽃

람들이 삶의 가치가 어떤지 알 텐데. 제주 사람들이 역사에 대해서 굉장히 책임감을 갖고 있구나 하는 것을 느꼈습니다. 그러한 것들이 한국의 친구들을 이해하는 계기가 됐죠. 베트남은 전쟁을 30년 했고, 많은 학살이 있었습니다. 어떤 지역은 굉장히 큰 사건이 있었는데 지역 사람들이 알기도 전에 지워지기도 했어요. 돌아가신 분들한테 참 잘못한 게 아닌가 합니다."

한류로 가까워진 한국과 베트남이 과거의 비극을 넘어서기 위해 그가 진정 희망하는 것은 무엇일까? "요즘 한국 문화가 세계에 많이 알려지는데, 문화가 알려진 다음에야 경제가 따라가는 것 아닙니까? 문화가 중요하다고 생각해요. 저는 희망하기를, 다음 세대가 한국과 베트남 사이의 비극적인 지난 일을 극복하고 미래지향적 관계를 건설하는 데 힘을 모았으면 합니다."

그는 한군데 가만히 있는 것을 좋아한다 했다. 그러나 그 끔찍한 전쟁은 그에게 자유를 허락하지 않았다. 시간이 흘러 비로소 조용히 일을 하게 된 것은 1978년 문인출판사의 편집 일을 하면서부터였다. 지금은 작품 활동을 하면서 현대 베트남 소설을 영어권에 소개하는 일도 활발히 하고 있다. 한국의 기업들도 기회의 땅으로 여겨 발길을 뻗치는 베트남, 엄청난 속도로 변화하는 하노이의 그 거리에서 그는 생각한다.

세계의 많은 곳에서 사람들이 경제 발전을 위한 대가를 치른다. 그러나 그들은 출발점이 있고 중단점이 있다. 베트남에는 멈출 때를 생각하는 사람이 없다. 아마도 세계에서 하노이만큼 말할거리와 안타까움이 많은 곳도 그리 많지 않을 것이다. 또한 그 어느 곳 사람들도 하노이처럼 문화의 역사에 무책임하지 않을 것이다.

—레 민 퀘, 〈하노이를 걸으며〉 중에서

그는 종종 홀로 옛 거리를 걷는다 했다. 하노이의 어지러운 거리, 역사의 거리를. 언젠가 그 거리, 야시장에서 맹인의 노래를 듣는, 슬픈 전쟁을 몸으로 겪어낸 작가, 레 민 퀘를 다시 만나게 될 것이다.

레 민 퀘(Le Minh Khue)
/
1949년 베트남 하노이 남쪽 타인 화에서 출생. 본명은 브우 티 미엥. 1973년부터 1975년까지 해방 라디오 기자, 1978년 베트남 문인협회 출판사 편집원. 1968년부터 글을 쓰기 시작해 1970년 첫 단편집을 낸 후 10권 출간. 주요 작품집으로 《작은 비극》, 《레 민 퀘 소설선》, 《별 땅 강》 등 다수의 작품이 미국, 스웨덴, 이탈리아, 독일 등에서 번역 출판되었다. 2008년 한국에서 주관하는 제1회 이병주 국제문학상, 1987년에 베트남작가협회가 선정한 최고의 단편소설상을 수상했다. 그의 소설은 그만의 독특한 문체와 인간 내면에 대한 진지한 탐구로 끊임없이 진화한다는 평을 듣는다. 2015년 최하나 씨 번역으로 《머나먼 별들》이 한국에서 출간될 예정이다.

'꿈의 외국' 제주에서 호메로스의 세계를 보다

《강》으로 이어지는
고(故) 오다 마코토와
현순혜 부부

제주도가 부모의 고향인 현순혜와 그녀의 일본인 남편 오다 마코토. 일곱 살 딸과 함께 처음 만난 때는 1992년, 제주엔 비가 내리고 있었다. 일본의 실천하는 세계적 평화운동가이자 석학이며 저명 소설가인 오다 마코토의 한국어 번역《오모니》출간 기념회에 맞춰 서울에 왔다가 고향을 찾은 길이었다. 이후 수차례 제주 방문 때마다 만나 이야기를 나눴다. 이들 부부는 세계정세·평화·인권, 제주4·3과 제주의 문화·역사·자연에 깊은 애정을 보이며 사진으로 제주도를 기록했다. 오다 마코토와의 마지막 만남은 2006년, 4·3 58주년을 맞아 이들 부부가 제주에 왔을 때였다. 제주 바다가 출렁이는 식당에서 오다는 그때 필생의 역작 대하소설《강》에 대해 이야기했다. 그러나 이 작품은 그의 미완성 유작이 되고 말았다. 《강》은 아내 현순혜가 받아 '긴 강'의 줄기를 이어가고 있다. 남편 오다가 떠난 후 한참 시간이 흘렀다. 수묵화가이기도 한 현순혜, 그녀가 대학생 딸 나라와 함께 제주를 찾았다.

오사카 항으로 거대한 배가 도착했다. 북적북적. 어디서 온 사람들인가. 제주 사람들이라고 했다. 신기했다. 오다 마코토, 그는 어릴 적 형을 따라 배를 보러 항구로 가는 것을 좋아했다. 바다는 전혀 심심하지 않았다. 망망대해에 뜬 저 배가 어디로 가는 거냐고 물으면 제주도로 간다고 했다. 그때 '제주도'란 한자 석 자는 어린 그에게 그렇게 강렬하게 찾아왔다. 어려서부터 그의 꿈은 일본의 식민지였던 '외국' 한국으로 가는 거였다. 그중 제주도로 가는 배를 타는 거였다.

그의 꿈을 마침내 실현한 것은 1963년 여름. 한국으로 갈 기회가 찾아왔다. 출발 무렵부터 그는 어떡해서든 그 '꿈의 외국' 제주도로 가고 싶었다. 그때의 기억은 선명했다. "밤새 거친 파도에 시달린 뒤 얼마 지나서 제주시 부두의 안벽에 내릴 때는 '아, 마침내 왔다'는 생각뿐이었다. 어린 시절부터 손꼽았던 '마침내'였던 것이다. 그로부터 1주일간 제주도에 머물렀다."

제주도의 일본인 사위
오다 마코토

　　　　오다 마코토, 그처럼 제주와의 운명적인 인연이 또 있을까. 그는 제주도의 사위로 제주를 끝없이 사랑한 세계인이었다. 그는 열정적인 토론을 좋아했고, 제주에서의 화두는 대개 평화였다. "제주도는 오키나와와 달리 군사기지가 없기 때문에 평화와 4·3의 의미를 잇는 노력으로 부디 평화를 지켜나가기 바랍니다."

　이후 제주 강정마을에 해군기지 반대 깃발이 펄럭이고, 지금껏 길고 긴 격렬한 싸움이 이어질 줄은 몰랐을 때였다. 그가 제주도를 다시 찾는다면 어떤 얼굴일까.

　다시 만나자며 떠났던 그의 소식을 들은 것은 다음 해 여름, 그의 비보였다. 향년 75세. 그의 장례식은 재일동포 사이에서도 하나의 사건이었다. 장례식이 끝나자 참석자들은 "오다 마코토의 정신을 이어 평화를!"을 외치며 시위를 벌였다. 그는 평소 "일본은 한국에 대해 가해자로서 정식으로 사과해야 하며, '일본군위안부' 문제를 제대로 해결해야 한다"고 주장했던 영원한 평화주의자였다.

　그는 제주 출신 장모의 인생을 그린 소설 《오모니》, 고베 대지진의 후유증으로 고향 제주도로 돌아가 세상을 떠난 장인의 장례식을 경험하고 명작《아버지를 밟다》를 썼다. 아내의 가족사를 그린 이 소설을 통해 그는 아내의 고향에 대한 깊은 마음을 전했다. 이 소설을 제주 극단 한라산이 각색하고 연출했을 때, 오다 마코토는 이 작품의 일본 공연에 깊은 애정을 보였고, 끝내 도쿄 공연을 성사시켰다. 그날 객석의 재일동포들은 너나없이 어깨를 들먹이며 흐느꼈다. 작품을 통해 분단 현실을 공감한 제주 출신 동포들이었다.

"《아버지를 밟다》는 그리스 고전에 나오는 호메로스의 세계를 제주에서 봤다고나 할까. 그 세계가 아직도 제주엔 살아 있구나 느꼈다고 해요. 당시 우리 아버지 어머니 돌아가실 적만 해도 옛날 그대로 장례를 치렀기 때문에 호메로스의 세계가 여기서 나왔구나 하는 게 있거든요. 작품의 진수, 철학이 그거예요. 사람은 무엇이든 어떻게 보는가 하는 것이 제일 중요한 것 같아요. 문학이란 시간이 지난 뒤에 진짜 위력을 발휘하게 된다는 말이 있는데 그런 것 같아요. 읽은 사람들이 나이를 거듭할수록 느끼는 것, 가치관이 변하니까 문학작품 자체가 유효성을 갖게 되는 거죠." 20년 6개월 연상의 오다 마코토와 혼인해 파문을 일으켰던 사람, 통찰력이 뛰어난 그의 아내 현순혜의 말이다.

부모의 고향 제주, 일곱 자매 중 막내딸
현순혜

세월이 흘렀다. 2012년, 20대로 자란 딸과 함께 부모님 산소를 찾아온 오다의 아내이자 수묵화가인 그녀를 만났다. 그녀는 오다를 떠나보낸 후, 더 농후하고도 풍요로운 시기를 보내고 있다 했다. 상실감, 서운함, 그 슬픔도 껴안으면서 너그러워진 자신의 세계를 발견하고 있다 했다. "글만 안다는 것은 가짜예요. 진짜 속을 알아야 해요. 글은 시간과 세월을 삭혀야 하는 것이죠."

님 웨일즈의 《아리랑》에 눈물 흘리던 열두 살 제주 출신 재일조선인 2세 여중생, 온갖 말에 진절머리가 나 수묵화를 배우며 사춘기를 보냈던 현순혜는 인생의 동반자 오다 마코토를 만나 시선을 세계로 향했다. 평화운동가이자 행동하는 작가 오다와 중국, 유라시아, 베를린, 미국, 중앙아시아 등을 여행하거나 머물면서 수많은 세계의 양심적인 시민들을 만났다.

한 재일조선인의 정체성에서 출발한 인식은 '내 조국은 세계'라는 사유의 폭으로 흐른다. 남과 북, 일본의 근현대사가 고스란히 가족사로 흘러간다. 이 대하소설, 남편의 유작인 《강》을 대신 받아 잇고 있는 현순혜. 그녀는 어려서부터 책과 그림을 좋아했다.

남편의 유작 《강》, 아내가 이어간
전집 해설

님 웨일즈의 《아리랑》은 그녀에겐 바이블이고 운명의 책이었다. 오다를 만난 것도 어쩌면 안 보이는 그 힘이 작용했던 건 아니었을까. "이 책을 읽으면서 이렇게 산 삶이 있구나, 이렇게 소중한 인생이 있구나, 눈물 났어요. 그 책이 그렇잖아요. 님 웨일즈는 저희가 미국에 살 때 만났어요. 아주 좋았죠. 감동했어요." 그럴 만도 했다. 그 인연으로 중국 여행 중 남편은 《강》을 구상했다 한다.

1998년부터 일본 슈에이샤가 펴내는 《슈바루》에 8년 동안 연재를 시작한 《강》은 1927년에 일어난 광저우 인민 봉기가 배경이다. 중국 체류 당시 취재한 생존자들의 생생한 체험이 소설의 바탕이 됐다. 그녀는 남편과 세계를 돌면서 많은 경험을 했다. "여행? 진짜 여행은 문화인류학이라고 생각해요."

같은 시기, 아내는 《내 조국은 세계입니다》를 썼고, 남편은 《강》을 쓰고 있었다. 같이 읽고 토론했다. "한국과 동아시아의 근대사에 대해, 거기서 한국의 역할이 무엇인지, 유럽·중국·일본도 들어가고, 전체 세계사 속에서 근현대사는 어떤 의미인가를 쓴 거거든요."

그러나 남편은 끝내 《강》의 하류에 당도하지 못했다. 그의 《강》을 이어갈 책임이 그녀에게 주어졌다. "쉴 틈 없이 미완성 유작 《강》을 잡지에 연재했어요. 단행본엔 저자 대신 뒷말을 썼죠. 시를 쓰는 마음으로…. 책으로 만들기 위해서는 연재하면서 편집자와 출판사와 함께 1년 걸려서 기획했죠. 그 후 전집 해설을 누가 쓰냐 하니까 편집자가 현순혜 씨가 써야 한다 해서 그것을 매달 쓰고 있어요. 자전거 운동하듯 페달 밟는 기분으로. 다음 해도 계속되고 있어요. 그렇게 3, 4년째 하다 보니 재미도 있어요. 남편의 첫 독자로 읽었는데 당시 보이지 않던 것이 새롭게 보이고 그런 것을 발견하는 재미가 있어요."

《강》은 오다 마코토가 세상을 떠난 1년 후, 석 달에 걸쳐 세 권이 나왔다. 오다 마코토의 소설은 일본에서도 유례없는 82권짜리가 될 것이다. 일본 출판계까지 놀라고 있다는 그의 이 방대한 저술의 힘은 어디서 나왔을까. 아내는 말한다. 아마도 그의 부지런함에서 나왔을 것이라고. 평생 이 작가의 잠자는 시간은 나폴레옹처럼 네다섯 시간밖에 되지 않았단다.

"그는 글쓰기 위해서 세상에 떨어진 사람 같았어요. 글로써 평화운동을 했죠. 같이 살면서 작가란 무엇인가를 알게 해줬어요." 남편은 작가였기 때문에 평화운동을 할 수 있었을 거라는 그녀는, "진짜 작가는 평화운동을 많이 한 사람"이라 했다.

"세계적으로 봐도 그래요. 그리고 과학자도 마지막으로는 후회하면서 자기가 평화운동을 하는 거예요. 다 그래요. 아인슈타인도 그렇고. 보편적 진리예요. 김대중 대통령은, '정치가는 한 발자국 앞선다' 했지만 나는 안 그래요. 예술가는 반 걸음을 뒤에 두고 발자국을 자기 마음속에 품어서 세 걸음을 앞서서 간다고 봐요. 안 그러면 진수는 안 나와요. 단원(檀園)도 그렇잖아요. 당시에 볼 수 없었던 것을 본 사람이죠."

말보다 그림이 좋아 그림을 선택했다는 그녀, 그 생각은 여전할까? "말 많은 사람하고 같이 살고 일을 계속하다 보니까 말이란 중요한 거구나 재확인했어요." 그녀가 웃는다. 그녀는 프랑스어를 배우며 그림 공부를 했다. 고흐, 모네 등 인상파 화가의 풍경화를 많이 모사했다. 도미요

"어머니 말씀이 생선이나 조개류, 제철 채소가 제일 좋은 거라고 했어요. 거기엔 씨가 있다잖아요. 그러니까 힘이 있는 거죠. 시장 보러갈 때, 조리할 때, 그 생각을 해요. 지금 바다 것보다 제가 어렸을 적 해산물이 더 영양가가 높았다고 생각해요. 그래선지 어머닌 80이 넘어서도 남들이 부러워할 만큼 머리숱이 많았어요. 이게 다 칼슘 영향 아니겠어요?"

제주 서쪽 바다를 물들이는 저녁 해

카 텟사이의 현대성에 감명을 받아 수묵화를 배웠고, 북한 화가 정종여의 조선화 한 폭에 영향을 받아 수묵화에 천착했다.

한국의 분단 현실이 바로
가족사

해녀 출신 어머니와 어부였던 아버지가 현해탄을 건넌 시기는 1930년대 초, 수많은 제주 사람들이 군대환을 타고 오사카로 떠나던 때였다. 부부는 친족들이 모여 살던 고베에 자연스레 정착했다. 고무 공장을 하면서 딸 일곱을 키웠다. 가정은 그야말로 아마조네스, 여자만의 사회였다. 딸들은 모두 활달하고 공부도 잘했다. 현순혜는 그들 일곱 자매의 막내딸이었다. 바리공주처럼.

아내를 '인생의 동반자'라 불렀던 그녀의 남편 오다 마코토. 그는 격렬한 인생을 살아오면서 지혜와 깊은 혜안을 갖춘 재일 제주인 장인과 장모를 좋아했다.

"독특하고 전형적인 제주 여성과 오사카 서민 여성의 과감성, 용감성, 쾌활성, 낙천성이 조금 닮은 점이 있어요. 오사카 태생인 남편은 작가의 눈으로 그것을 봤어요. 제주의 문화 가치가 소중하다는 것, 그런 눈으로 저를 봤어요. 작가의 눈으로 보니 참 재밌구나, 해요." 오다는 생전에 "현순혜는 재일 코리언의 자부심과 자신을 가지고 살아온 여성"이라고 했다 한다.

서귀포시 보목리가 고향인 그녀의 부모는 1960년대 말 해방 후 처음 제주 땅을 밟았다. 선산에 성묘하러 가면서였다. 할머니가 돌아가셨다는 소식을 듣고도 국적이 조선이어서 장례식에 못 갔던 부모였다. "부모님은 나중에 당신들만 한국적으로 바꿔 대한민국 여권 발급을 받았어요."

이후 자매들 중 현순혜는 한국적으로 바꿨지만 언니들은 조선적을 바꿀 수 없었다. 1960년대 초 이른바 '귀국 사업'으로 북으로 간 언니가 있었기 때문이다. 반세기가 흘러도 상황은 변하지 않았다. 그녀의 가족사는 바로 우리의 분단 현실이다. 한국과 일본의 가족, 언니가 사는 땅 북한. 그리고 북으로 간 그 언니는 먼저 세상을 떴다.

"우리는 이남에 고향 방문 왔잖아요. 도쿄 언니는 지금 이북에 갔어요. 왜냐면 언니가 죽고 올해가 윤년이어서 산소를 옮기는 게 좋대요. 이게 우리나라의 현실이에요. 그렇지만 우린 그나마 양쪽 다 갈 수 있으니까 얼마나 좋아요." 그녀의 어조는 늘 무거운 색을 밝은색으로 변환시킨다.

제주 해녀의 전복죽은 세계적인 발명품

"가장 맛있게 먹었던 것이 전복죽이에요. 내장을 버리지 않고 가장 영양가가 높고 맛있게 전복 먹는 법을 알려준 게 해녀잖아요. 전복

죽은 해녀의 발명품이에요. 세계에 자랑할 만한 음식이죠. 일본에서도 일류 생선 요리점의 요리사에게 물었더니 '생선을 가장 맛있게 먹는 법을 아는 사람은 어부다' 그렇게 말했어요. 바다 것은 잡는 사람이 가장 맛있게 요리하는 법을 안다는 거죠. 전복죽처럼 그런 걸 한국 각지에서 발굴하고 싶어요."

바닷가 마을 출신의 부모는 제주도의 식생활을 일본에서도 그대로 이어갔다. "어머니 말씀이 생선이나 조개류, 신선한 미역, 제철 채소가 제일 좋은 거라고 했어요. 거기엔 씨가 있다잖아요. 그러니까 힘이 있는 거죠. 시장 보러 갈 때, 조리할 때, 그 생각을 해요. 지금 바다 것보다 제가 어렸을 적 해산물이 더 영양가가 높았다고 생각해요. 그래선지 어머닌 80이 넘어서도 남들이 부러워할 만큼 머리숱이 많았어요. 이게 다 칼슘 영향 아니겠어요?"

당신의 엄청난 머리숱도 부럽다고 하자, "이것도 그 씨가 좋아서 아닐까요" 하며 웃는다. "옛사람들의 지혜가 바로 고전이에요. 책으로 된 것만이 아니죠. 조상들은 문자가 없어도 문화생활 했잖아요. 그 속에서 우리가 잃어버린 것을 되찾아야 할 것 같아요."

"제주는 정말 '유니크'한 섬이에요. 자연과 문화, 정말 독특해요." 그래서 그녀는 아무리 세상이 변해도 자연이 만든 제주 사람의 마음씨가 아주 사라지지 않기를, 또 자연과 조화롭게 공생하기를 바랐다. "자연을 너무 아랑곳하지 않았기 때문에 지금 우리가 자연으로부터 매를 맞는 것 아니겠어요?"

엇갈린 문제 푸는 하나의 상징

제주4·3

　　6년 만에 남편 없이 온 제주에서 그녀는 대학생 딸과 다시 제주4·3평화기념관을 찾았다. "2차 세계대전 후의 뒤처리, 그것과 엇갈린 문제를 푸는 상징의 하나가 제주4·3이라고 생각해요. 그렇기 때문에 기념관이 생겼다는 것은 매우 중요한 일이죠."

　'낙엽귀근(落葉歸根)', 잎이 지면 뿌리로 돌아간다는 이 말을 그녀는 좋아한다. 사람이란 고생하면 할수록 뭔가 얻는다. 진짜 아름다운 것은 짧다. 좋은 것도 조금밖에 없다. 비극의 섬, 당장은 힘들어도 아름다운 이 섬은 평화를 지향하는 섬이어야 한다는 현순혜. 아마 남편도 살았으면 같은 생각이었을 거라고 했다. 언젠가 제주 어딘가에 집을 빌려 살아볼까란 생각을 했었던 오다 마코토. 그의 눈에 비친 제주도는 오키나와의 수도 나하였다. "야자수, 따뜻한 공기, 그 속에 담긴 푸른 공기, 거리가 조성된 모습, 밤이 되어도 거리를 배회하는 모습들은 남국이 아니고서는 볼 수 없는 정경들"이란 거다. 본토와 다른 독자적인 신화와 전통문화·언어를 갖고 존재하고 살아온 줄기도 그렇다. 그러므로 제주도, 오키나와가 한국, 일본의 전체 문화를 풍부하게 하고 있다고 봤다. 그는 또 제주도가 세계 정상회담이 있었던 평화의 섬인만큼 단순한 관광지에 머물지 말기를 바랐다. 그는 세계인으로 살았고, 세계인의 눈으로 제주도를 통찰했다.

　현순혜는《내 조국은 세계입니다》에서 이렇게 말했다.

'우리는 어디로부터 와서 어디로 가려고 하는가?' 하는 문제는, 다시 말하면 '우리는 어디에서라도 와서 어디로든 갈 수 있다'는 것이다. 인간은 혼자 태어나 혼자 죽어간다. 태어날 때건 죽을 때건 민족이나 국가, 하물며 국경 따위는 알지도 못한다. 그러나 인간은 혼자서는 살아갈 수 없다. 우주 속의 생명이라는 메커니즘 속에서만 살 수 있다.

고(故) 오다 마코토(小田実)
/
1932년 6월 2일 일본 오사카 출생. 동경대 문학부 언어학과 졸업. 하버드대 대학원과 서독, 미국, 그리스 등의 대학과 일본의 여러 대학에서 교편을 잡았다. 고교 3학년 때 장편소설로 문단 데뷔. 1961년 22개국을 일주한 뒤《나는 이렇게 보았다》로 베스트셀러 작가 반열에 올랐다. 1989년 소설《히로시마》등으로 '로터스상' 수상. 단편〈아버지를 밟다〉로 '가와바타 야스나리 단편상' 수상. 소설가, 문학평론가. 반전 평화운동과 일본 평화헌법 수호에 일생을 바쳤다. 1970년대 김대중 전 대통령과 김지하 시인 석방 구명 운동을 벌이는 등 한국 민주화 지원에 나섰다. 한국어판《오모니》(현암사),《오다 마코토 전집》을 비롯 무려 152권의 시·소설·평론·에세이집을 남겼다. 실천적인 사회운동가의 삶을 살다 2007년 7월 30일 별세했다.

현순혜
/
수묵화가. 1953년 일본 고베 출생. 부모의 고향은 제주도 서귀포시 보목동. 조선고등학교를 졸업한 뒤 그림 공부하던 중 정종여 화백의 그림에 감화되어 평양까지 가서 사사했다. 1988년 오다 마코토와 결혼. 1994년 이탈리아에서 수묵화 데몬스트레이 초청전, 1996년 도쿄에서 첫 개인전, 오다 마코토의 책을 비롯한 수많은 책의 표지와 삽화를 그렸다. 저서로《나=나의 여행》(이와나미 쇼텐, 공저), 그림 동화집《이야기 할마님》(신간샤, 공저), 번역서로《한국식생활사》(후지와라 쇼텐, 강인희 저) 등이 있고, 《내 조국은 세계입니다》(현암사)는 일본에서도 4쇄까지 발간, 큰 반향을 일으킨 바 있다.

아는 것보다 더 중요한 것은 작은 실천
일본 한라산회 고문 니가타 이사무

4장

제주의
고통과 함께한
사람들

작가는 당대의
고통과 희망을
전달하는
사람

중국의
세계적 작가
위화

시뻘겋게 불기둥이 치솟으면서 흘러내린 한라 용암, 그것이 탄생

시킨 제주의 곶자왈과 기묘한 형상의 제주 현무암에서 그는 태고

의 신비를 느낀다. 제주의 아픈 역사, 4·3은 고통과 희망의 이름,

작가는 당대의 고통과 희망을 이야기할 수 있어야 한다 했다. 세

계적인 작가 위화. 한국의 독자들에게 그는 《인생》, 《허삼관 매혈

기》 등 대중적인 소설로 사랑을 받는다. 그가 불쑥 제주 땅을 밟았

다. 소년 같은 모습, 꾸밈없고 소탈했다. 비안개 속이었다. 그는 한

라산 자락과 바다, 4·3평화공원, 제주돌문화공원 등 제주의 구석

구석에 시선을 꽂았고, 바람처럼 사흘간 머물다 갔다. 짧은 시간

이었으나 제주도에 대한 그의 통찰은 깊고 깊었다. 그에게 제주도

는 처음이었지만 낯설지 않은 풍경이었다. 그는 제주 독자적인 색

감과 질감이 계속 유지되기를 바랐다. 숨 막히는 자연과 어두웠던

역사가 섬의 자존을 지키는 힘이 되기를 바

랐다. 그가 떠난 후, 장편 《형제》가 출간

돼 한국의 독자를 사로잡았다.

제주 바다가 보고 싶었다. 바다에서 한라산을 보고 싶었다. 목포에서 추자 벽파 바닷길을 타고 온 길, 작가는 요동치는 파도 속에서 전날 보았던 진도씻김굿을 다시 떠올렸다. 하지만 또다시 제주로 올 때는 쾌속정을 타고 싶진 않다고 했다. 뱃길은 험난했다. 그 옛날 원악 유배 1번지였던 제주. 죽기 살기의 뱃길이었다. 그럼에도 그의 시적 감흥은 유려했다.

"목포에서 제주도로 오는 쾌속정에서 거의 토할 뻔했습니다. 아울러 아직까지 맛보지 못했던 절대 고독감을 느꼈죠. 눈을 뜨면 단지 하늘을 덮칠 듯한 거대한 파도가 넘실거리고, 하얀 포말은 마치 눈꽃과도 같이 쏟아져 내리더군요. 바다에는 저의 컴퓨터 책상만큼이나 커다란 바다 해파리가 떠다니고, 몇 마리의 바닷새만이 계속해서 우리의 쾌속정을 따라오더군요. 날아올랐다 내리기를 반복하던 바닷새들이 나의 고독감을 더욱 강하게 만들었는데, 그때 나는 그들만이 이 세상에서 유일한 친구라고 느꼈습니다."

제주4·3, 기억의 방식이
중요해

　　　　마침 안개가 제주시 봉개동 4·3평화공원을 자옥하게 감싸고
있었다. 4·3평화공원은 온몸에 비애를 묻힌 채 서 있었다. 그의 제주행
에 통역을 맡으며 동행한 목포대 신정호 교수와 함께 찾은 4·3평화공원
길. 어디가 어디인가. 내 희미한 지리적 감각으로는 더듬더듬 입구를 찾
아야 했다. 그는 위패 봉안실 앞에서 잠시 고개를 숙였다. 이미 제주4·3
에 대해 어렴풋이 알고 있던 작가 위화. 그는 죽은 자들의 위패 하나하
나에 꽂은 시선을 쉬이 거두지 못했다. 나의 가족사를 포함해 4·3에 대
해 설명을 하는 동안 그는 충격을 받은 듯 눈매가 떨리고 있었고, 이따
금 그의 카메라 셔터는 속도를 내고 있었다. 그 자리를 뒤로하고 나설
때 그는 조금 더 굳어 있었다.

　"기념관에서 수많은 무고한 희생자의 이름을 보았습니다. 그중에는
노인도 있었고, 아이도 있었으며, 당신의 숙부도 있었습니다. 사실 나라
마다 이와 비슷한 사건이 있는데, 저는 후대 사람들이 반드시 이 기억을
마음속 깊은 곳에 새겨야 한다고 생각합니다. 또한 그보다 더 중요한 일
은 이 기억을 어떤 방식으로 전승하느냐 하는 일인데, 이것이야말로 우
리 모두의 진정한 유산이기 때문입니다. 우리가 부모 세대로부터 계승

"눈을 뜨면 단지 하늘을 덮칠 듯한 거대한 파도가 넘실거리고, 하얀 포말은 마치 눈꽃과도
같이 쏟아져 내리더군요. 바다에는 저의 컴퓨터 책상만큼이나 커다란 바다 해파리가
떠다니고, 몇 마리의 바닷새만이 계속해서 우리의 쾌속정을 따라오더군요. 날아올랐다
내리기를 반복하던 바닷새들이 나의 고독감을 더욱 강하게 만들었는데, 그때 나는 그들만이
이 세상에서 유일한 친구라고 느꼈습니다."

한 것은 물질뿐만이 아니고, 역사적 비극도 포함되며, 당연히 그 가운데 살아 숨 쉬는 희망이야말로 꼭 계승해야 하겠죠."

그는 어린 시절 문화대혁명을 겪었고, 5년 동안 치과 의사를 하다 환멸을 느낀 뒤 소설가의 길로 전환했다. 문화대혁명의 갖가지 활동과 폭력적 과정에 직접 참여한 적은 없지만, 스스로 문화대혁명이라는 시대적 틀 안에서 성장했다는 사실을 인정하는 작가 위화. 물론 이 땅, 제주 작가 중에서도 4·3을 직접 체험하진 않았으나 4·3에서 벗어나지 못하고 있는 이가 얼마나 많은가. 그건 당대를 사는 작가로서 갖는 시대에 대한 예의이며, 작가의 소명일 것이다. 4·3에서 그는 무엇을 느꼈을까?

"많은 사람이 몸소 체험하지 않았지만, '4·3사건'은 당신들이 생활하는 동안 시시각각, 마치 일출과 일몰과도 같이 항상 존재하는 것입니다. 성장 과정에서 체험한 모든 경험은 한 사람의 일생 동안 잊히지 않는 법이지만, 어른이 된 후의 경험은 쉽게 잊히게 마련이거든요. 저는 제주의 작가와 시인 모두 '4·3사건'으로부터 벗어날 수 없다는 점을 알고 있습니다. 저는 진정한 작가라면 반드시 당대의 고통을 느끼고, 당대의 희망을 충분히 이해하는 사람이라고 생각합니다. 작가와 시인은 바로 당대 고통과 희망을 통하여 과거의 고통과 희망을 자기의 세계로 받아들이게 되는데, 그런 과정을 거친 후 과거의 생활이 바로 작가 자신의 생활의 일부가 되기 때문은 아닐까 하고 생각해봅니다."

20세기 내내 한국인은 수많은 고통을 겪었다. 중국 또한 별반 다르지 않았다. 작가에겐 고통의 발생 원인이 다를지라도, 고통을 느끼는 방식은 같을 것이다. 고통이 문학으로 표현될 때, 다른 국가, 다른 시대의 독자라 해도 누구나 공감할 수 있는 까닭은 바로 여기에서 비롯된다. 문학은 고통을 없앨 수는 없지만 타인의 고통에 공감하도록 하기 때문이다.

제주, 동아시아의 평화 위해
존재해야

처음 걷는 제주 길, 이 길 위에서 그는 마침 제주의 가장 첨예한 이슈로 떠오른 문제 하나를 목격했다. 곳곳에 나부끼는 '강정 해군기지 반대' 깃발. 그의 어조는 강력했다.

"만약 제주도에 해군기지를 건립한다면, 제주도는 더 이상 평화의 섬이 될 수 없을 겁니다. 그뿐만 아니라 머지않아 제주는 전선(戰線)이 되고 말 것입니다. 주변 4대국(중국, 일본, 러시아, 미국)을 포함하여 다섯 국가 가운데 한국이야말로 전쟁에 대한 대응력이 제일 낮은 국가라고 생각하고 있습니다. 그래서 한국은 향후 진정한 의미에서 중립 국가가 되어야 합니다. 미국이 동아시아의 형세를 선도하는 국가가 되어서는 안 되고, 특히 지역 내에서 군사적으로 실질적 대표성을 지니는 국가가 되어서는 절대로 안 될 일이라고 생각합니다."

작가의 통찰력은 예리했다. 이미 삼성혈에서 제주 영상을 보면서 제주도가 전방위적인 섬이란 것을 느꼈다 했다. "제주도는 군사 요충지가 될 수 있는 곳입니다. 중국 하이난 성에도 해군기지가 있지만, 제주도는

제주 강정마을 구럼비 해안

동아시아 평화를 위해 존재해야 합니다. 한국이 다른 나라의 영향 속에, 그 우산 속에 들어가면 안 됩니다. 중립을 지켜나가기 위해서라도 군사 기지가 제주에 있어서는 안 됩니다."

원형질이 남아 있는 중산간 마을
사람들

아름다움의 배후에 슬픈 역사가 깃들어 있음을 안다는 위화. 그러기에 그는 이 섬을 밀물처럼 가슴으로 받아들였다. "특히 해 질 녘 안개가 짙게 낄 무렵, 한라산 위에서 바라본 도시의 촘촘한 불빛 그리고 광활한 바다는 이루 말할 수 없이 아름다운 풍경이더군요. 또한 한라산에서 내려와 해변도로가의 어느 식당에서 저녁 식사를 했던 걸로 기억하는데, 칠흑과도 같은 어두운 해변을 대하면서 참으로 신비롭다고 느꼈습니다. 파도가 제방에 부딪힐 때 일어나는 백색의 포말은 경이로움을 선사했죠. 아름다운 체험이었습니다."

황홀했다. 흑백 톤의 스산한 나무와 돌, 차갑지만 맑은 하늘 연못, 제주다운 풍광이 살아 있는 교래리 제주돌문화공원은 묘한 매력이 넘쳤다. 이곳 제주의 전통 초가와 제주의 돌하르방은 아주 깊은 인상을 남겼으며, 기이한 형상의 돌들에서는 태고의 문명 세계를 느꼈다 했다.

중산간 분위기의 초가 마을을 지나는 순간 그의 소설, 《허삼관 매혈기》의 강한 끌림이 떠올랐다. 소설 속 인물들은 험한 세상 속에서도 웃음과 유머를 잃지 않고 절망을 희망으로 바꿔놓았다. 웬일인지 그 주인공들의 모습에서 아직은 원형질이 남아 있는 제주의 중산간 마을과 그곳 사람들이 떠올랐다. 그 역시 자신이 탄생시킨 주인공들이 제주도 중산간 사람들의 모습과 유사하다며 고개를 끄덕였다.

《허삼관 매혈기》는 《인생》의
속편

　　　　항상 스스로를 휴머니스트라고 생각한다는 그는 특히 창작할 때 더욱 그렇다 했다. 그의 소설이 항상 서사가 주를 이루는 것도 이 때문일까? "매우 중요한 지적이라고 생각합니다. 20세기 모더니즘 문학의 성행은 문학, 특히 소설의 표현 양식에 일대 변화를 가져왔는데, 그 핵심은 표현 양식의 다양함에 있다고 하겠습니다. 문학의 관점에서 볼 때, 비록 문제가 전혀 없었던 것은 아니지만 이와 같은 점으로부터 우리는 '20세기는 위대한 세기였다'고 말할 수 있습니다. 그런데 요즘 일부 소설은 표현 양식의 변화로 말미암아 갈수록 소설답지 않습니다. 세계 각국의 작가들은 독자가 갈수록 줄어드는 점을 원망하곤 하는데, 저는 그 점에 대해 그들이 쓴 소설이 갈수록 난해해지기 때문이 아닐까, 생각하곤 합니다."

그는 소설에서 중요한 요소는 바로 스토리와 인물, 두 가지라고 했다. 스토리와 인물이 없는 실험적 소설은 어떻게 평가할까? "경우에 따라 우리는 이런 소설을 좋은 책이라고 여기거나 좋은 문학작품이라고 말할 수도 있겠지만, 좋은 소설이라고 말할 수는 없습니다."

그가 탄생시킨 주인공들은 대개 민중이다. 《허삼관 매혈기》를 읽은 독자는 아마 한 시대의 폭풍 같은 소설 속 인물들을 잊지 못할 것이다. 그렇다면 《허삼관 매혈기》에서 그는 진정 무엇을 말하고 싶었던 걸까.

"사실상 《허삼관 매혈기》에 쓴 것은 생활 그 자체입니다. 저는 《인생》을 탈고한 후, 줄곧 중국의 민중이 요 몇십 년 동안 어떻게 살아왔는지에 대해 쓰고 싶었습니다. 《인생》은 중국의 민중이 얼마나 고통스럽게 살아왔는지에 대해 쓴 것인데, 《허삼관 매혈기》는 바로 그 작품의 속편이라고 할 수 있습니다. 어떤 소설이 진실된 생활을 썼다고 한다면, 그

소설은 무수한 화제를 낳을 것입니다. '평등'은 《허삼관 매혈기》가 던진 수많은 화두 가운데 하나일 뿐, 진정한 문학작품은 열려 있어야 한다고 생각합니다. 작가의 손을 떠난 후에도 작품은 독자의 독서 행위를 통해 끊임없이 완성을 향해 나가는 것이지요."

독자들로부터 끊임없이 읽힌다는 사실은 곧 그 작품이 아직 완성되지 않았거나 영원히 완성되기를 기다리는 작품이라고 말할 수 있다는 것이다. 그에게 작가란 어떤 존재인가? "작가란 자신의 작품 속에 감춰진 곳, 그곳의 강렬한 체험을 가장 진실 되게 표현해낼 수 있는 사람이어야 한다고 봅니다." 이러한 체험은 당연히 동시대와 아주 밀접한 관계를 가지고 있는 것이다.

문명의 시대, 속도를
줄여라

'중국을 이해하려면 《인생》(원제 《살아간다는 것》, 1992년)을 보라'고 할 만큼 우리에게 널리 알려진 장예모의 영화 〈인생〉의 원작자 위화. 그를 세계적 작가의 반열에 올려놓은 《인생》은 한 인물의 생애를 통해 중국 현대사를 드러낸다. 그는 스스로 이 소설을 아주 '특별한 작품'으로 꼽았다. 스토리텔링 위주인 그의 작품 중에서 이 작품은 유독 삶의 처절함 속에 발랄하고 통렬한 유머가 잘 살아나고 있기 때문이 아닐까.

"《인생》은 중국에서 출판된 지 이미 15년이 되었으나, 지금도 여전히 매년 10만 권 정도 인쇄되고 있습니다. 그러니까 이 소설은 이미 중국 사람들의 마음속 깊은 곳에 자리 잡았다고 할 수 있겠죠. 10년 전《인생》이 한국에서 출판되었을 때, 어느 서평에서 '이것은 중국인의 생활을 묘사한 것일 뿐만 아니라, 또한 우리 한국인의 자화상이기도 하다'라고 했던 점을 아직도 인상 깊게 기억하고 있습니다."

모옌(영화 〈붉은 수수밭〉의 원작자), 수퉁과 함께 중국 당대 소설의 삼두마차로 불리는 그는 한 인간의 생을 통해 중국 현대사를 드러내는 작가로 이미 한국에 각인돼 있다. 그의 문학적 스승은 가와바타 야스나리, 카프카, 마르케스, 보르헤스 등이다. 또한 현실에 근거한 상상력과 통찰력은 중국 진대(晉代)의 간보가 저술한《수신기》속에서 한 수 배운 것이란다.

24년 전 그의 꿈은 동화 작가였다. 그러나 중국의 '불안정한 현실' 속에서 동화 작가가 된다는 것은 쉽지 않았다. 위화 문학의 배경에는 직접 체험하지는 않았으나 문화대혁명이 녹아 있다.

"저는 가장 중요한 것은 독자가 자신들과 다른 체험을 담은 문학작품 속에서 자신의 체험을 읽는 것이라고 생각합니다. 진정한 작가라면 비록 그의 개인적인 느낌과 사상을 썼다손 치더라도, 서로 다른 시대, 서로 다른 민족, 서로 다른 문화적 배경을 가진 독자는 오히려 그의 작품 속에서 자신의 감정과 상상을 읽어낼 것이기 때문입니다. 작가는 오로지 이러한 방식으로 존재해야 하며, 동시에 이 점이야말로 문학이 오늘날 존재하는 이유라고 생각합니다."

위화, 그는 신화와 전설 속에서 상상력을 끄집어낸다. 그의 인물들은 세상의 모순과 대결하지 않고, 그것을 받아들여 자기만의 해학으로 바꿔놓는다. "몇백 페이지에 달하는 소설이라 할지라도 그것은 사실상 어떤 특정한 생각 한 가지, 독특한 상상 하나, 튀는 말 한마디, 특이한 표정 한 가지, 묘한 분위기 하나로부터 기인하는 것입니다."

'어떤 하나'야말로 바로 창작의 영감을 불러일으키는 원천적 요소로서 끊임없이 영감을 쏟아내고, 이윽고 대작을 완성하게 하는 힘이라는 것이다. 살아 움직이는 그의 작품 속 인물과 그의 열정의 근원은 바로 여기에 있는 것인가.

21세기, 현대 문명 속에서 빈부 격차는 더 심해지고 삶의 모습은 더욱더 숨 가빠지고 있다. 물론 이러한 상황은 중국이나 한국, 전 세계가 직면한 문제다. 그렇다면 대안은 없을까? "현실적인 방법은 다만 속도를 줄이는 것뿐입니다." 돌아온 그의 답은 명쾌했다.

위화(余華)
/
1960년 중국 저장(浙江) 성 항저우에서 출생. 1983년 첫 단편소설 〈첫 번째 기숙사〉로 등단, 1987년 〈18세에 집을 떠나 먼 길을 가다〉 등을 발표했으며, 한국에는 《살아간다는 것》, 《허삼관 매혈기》, 《가랑비 속의 외침》, 《세상사는 연기와 같다》, 《내게는 이름이 없다》 등이 소개됐다. 스웨덴의 교육부와 국가문화위원회 측에서는 엄격한 심사를 통해 자국의 중고등학생에게 톨스토이, 도스토예프스키, 셰익스피어와 카프카 등 세계의 고전 문학작품 15종을 반드시 읽도록 공포하는데, 그 가운데 중국 문학으로서는 유일하게 《인생》이 들어 있다. 이후 10년 만에 낸 《형제》(전3권, 최용만 옮김, 휴머니스트)는 한국어판 출간 즉시 베스트셀러 10위권 안에 진입한 소설이다. 《형제》는 미국, 프랑스 등 세계 23개국에서 번역, 출판됐다.

제주인의 4·3 정신, 세계 평화에 기여

베트남의
국민 시인
고(故) 찜 짱

첫인상은 단단한 동안, 시인의 감성은 수련처럼 여렸다. 동질의 아픔이 떠올라설까. 끝내 눈물을 감추지 못했다. 제주4·3의 상징 북촌리 애기무덤을 둘러보곤 베트남의 깊은 슬픔이 연상됐는지 시가 나왔다. 난생처음 당도한 제주 섬은 절경이었지만 가슴 아린 역사로 그를 안내했다. 얼마 후 베트남과의 문화 교류를 위해 베트남을 찾았을 때였다. 시인은 따뜻한 미소로 한국과 베트남이 교류를 지속하기를 희망했다. 그는 베트남과 한국의 오래된 깊은 아픔을 치유하기 위해 다음 세대가 예술로 승화하기를 희망했다. 제주 예술가들과 만나고 다시 헤어질 때였다. 그는 내게 '佛(불)' 자가 새겨진 조그만 베트남 주머니를 선물로 건넸다. 그를 만나고 온 2년 후, 2011년 9월 29일 나는 그의 부음을 들어야 했다. 베트남의 아픔이 치유되기도 전에.

'베트남의 국민 시인' 찜 짱을 만난 것은 2007년 10월, 제주작가회의와의 대화 자리에서였다. 시인은 베트남 반미 항전 시대였던 젊은 날, 청년 세대를 대표하는 혁명전사였다. 따뜻하나 형형한 눈빛, 그 위로 가팔랐던 한 삶의 잔영이 스쳐갔다.

아픈 역사의 대지는 매혹적인 자연으로 서로 통하는 걸까. 시인은 제주에서 베트남을 보았는지, 제주의 풍경 한 컷 한 컷에 황홀과 상처가 전이된 듯했다. 가장 뜨거웠던 청춘 시대, 포연 속에서 어찌 연애시가 나오겠는가 했다. 그러나 그의 시는 제주도 곶자왈 가시덤불 속에 피어난 보라색 제비꽃처럼 처연하게 아름다웠다. 전쟁 속에서 한 시대를 살아야 했던, 강렬한 눈빛으로 제주 땅을 투시하는 베트남의 국민 시인. 제주에 머무는 동안 '현기증이 일 정도로' 제주도의 아름다움에 빠졌고, 이미 밖으로 드러나지 않은 제주의 속살, 제주 사람들의 넓은 마음에 끌리고 있었다. 이 또한 섬사람들의 기질과 속성이 아닌가 예측했다. 그 시 〈수련 꽃〉을 만난 건 2001년 《실천문학》을 통해서다.

폭탄 구덩이 속에서 건져 올린 서정
〈수련 꽃〉

이른 아침 뜰에 나가 수련 꽃을 땄네

폭탄 구덩이 아래 어머니가 심은 수련 꽃

아아, 어디가 아프길래 물밑바닥부터

잔물결 끝도 없이 일렁이는가

몇 해 지나 폭탄 구덩이 여전히 거기에 있어

야자수 이파리 푸른 물결을 덮고

아아, 우리 누이의 살점이던가

수련 꽃 오늘 더욱 붉네

−찜 짱, 〈수련 꽃〉(구수정 역)

포탄 구덩이 앞에서였다, 몸서리쳐지도록 서늘한 이 한 폭의 서정시 〈수련 꽃〉을 길어 올린 것은. 타고난 감수성으로 분출하듯 시를 쓰던 열정의 젊은 날, 그가 처음 관심을 둔 장르는 '연애시'라 했다. 그러나 시인의 연정은 짧았다. 그의 땅과 시대가 그를 그대로 놔두지 않았다. 자신의 눈앞에서 혁명을 함께하던 이들이 스러져갔으니 사랑 노래는 사치였을 것이다. 그러니 원치 않아도 그의 시는 변할 수밖에 없었다.

"제 시가 변한 계기가 있어요. 학생운동을 하면서 미군에 잡혀 1년 동안 수감되었다가 탈출해 베트남 공동체의 해방을 위해 혁명운동을 시작하면서부터였지요." 찜 짱은 그의 본명이 아니다. 본명은 호 반 바(Ho Van Ba). 찜 짱은 평화를 상징하는 '하얀 새'라는 뜻의 필명이다.

베트남 국민의 애송 시, 〈수련 꽃〉을 쓸 때는 그의 나이 스물일곱이었던 1965년, 베트남은 미국과 격렬하게 전쟁 중이었다. 이 시는 전사들이 못 다 부른 영혼의 노래가 되었다.

"베트남 곳곳에는 미군이 투하한 폭탄에 팬 구멍이 남아 있습니다. 어느 날 아침 혁명군 근거지에 나와 있었는데, 폭탄 구덩이 속에 물이 고여 수련 꽃이 피어 있었어요. 순간 폭탄을 맞고 죽은 이들의 모습이 떠오르고, 그 사람들이 저 꽃을 통해서 말하는 것 같았죠. 불현듯 죽은 이들의 혼이 저기에 담겨 있다는 생각이 들었어요."

북촌리 애기무덤, 가슴이
찢어져

스산하게 비가 내렸다. 시퍼런 제주 바다마저 통곡하듯 섬을 흔드는 날이었다. 4·3대학살의 상징 북촌리 너븐숭이 애기무덤. 1949년 1월 17일과 18일 이틀 새 마을 주민 450명 이상이 목숨을 잃었던 마을의 역사를 들었다. 시인은 그 앞에서 가슴이 찢기는 예린 고통을 느꼈다. 순간 제주도와 베트남의 거칠고 아픈 역사에 대한 동질감이 밀려왔을까.

"비가 왔지만 추위를 느낄 수도 없었어요. 베트남전에 참여했던 사람으로, 베트남 민간인 학살을 보기도 했고, 듣기도 했지만 특히 북촌리 애기무덤 앞에서는 마침 베트남 아이들이 이 자리에서 죽은 것 같아 차마 눈을 뜰 수 없었어요." 그렇게 무덤가에 선 시인의 가슴에서 울컥 시가 솟아올랐다. 미완의 시 한 구절이….

너희들이 만약 살아 있다면
아직까지 살아 있다면
너희들의 머리는
백발이 되었을 텐데…

'좋은 시를 만나면 소름이 돋는다'는 노시인, 그에게 시인이란 진정성의 또 다른 이름이다. '삶과 시는 일치해야 한다, 삶과 문학은 하나다, 시는 삶에서 저절로 솟구치는 무언가에서 나온다, 진실로 최선을 다해야 문학이 나온다'고 그는 생각한다. 그가 생각하는 문학은 무엇일까? "예술은 삶을 위한 것이어야 하며, 자기 삶의 의지를 긍정해야 한다는 데 있다."

시인은 전장에서 수없이 많은 사선을 넘나들었다. 전장에서의 삶과 죽음은 간발의 차, 종이 한 장 차였다. 그는 거기서 기적처럼 살아났다.

이른 아침 뜰에 나가 수련 꽃을 땄네
폭탄 구덩이 아래 어머니가 심은 수련 꽃
아아, 어디가 아프길래 물밑바닥부터
잔물결 끝도 없이 일렁이는가
몇 해 지나 폭탄 구덩이 여전히 거기에 있어
야자수 이파리 푸른 물결을 덮고
아아, 우리 누이의 살점이던가
수련 꽃 오늘 더욱 붉네
– 찜 짱, 〈수련 꽃〉

북촌리 '너븐숭이 애기무덤'

"한번은 아침에 화장실 갈 때였죠. 갑자기 라디오를 들어야겠다는 생각이 들었습니다. 10미터를 사이에 두고 라디오를 켰지요. 찰나였어요. 엄청난 소리를 내며 화장실이 폭발했어요. 어디선가 날아온 폭탄이 화장실을 덮친 거였어요. 아찔했습니다. 살아 있는 것도 운명이구나 했죠. 바로 그 순간 라디오를 켜지 않았더라면…."

기질이 서로 닮은 베트남 여성과
제주 여성

4·3 대광풍을 극복하고 살아낸 제주 여성들로 화제를 바꿨다. 제주 여성들은 당시 시련을 극복하는 지혜가 남달랐다고 하자 시인은 시거를 물며 깊은 공감을 나타냈다. 제주의 할머니 세대와 베트남의 할머니 세대는 너무나 닮았다. 그러니 어딘들 여성의 기질적인 원류는 하나가 아니겠는가 말이다.

"어머님 세대들은 정말 시련과 파란이 많았지요. 역사적으로 온갖 고난을 겪으신 분들입니다. 어머님은 저에게 공부를 할 수 있게 해주셨고, 역사 앞에 당당하게 맞서는 전사로 활동할 수 있게 보장해주셨습니다. 그뿐 아니라 외세로부터 독립 활동을 하는, 혁명운동에 참여하는 다른 사람들까지 보호해주셨습니다. 어머니 세대 여성들은 프랑스, 미국과의 전쟁을 견디고, 폭탄 속에서도 가족과 혁명 전사들을 감싸주셨죠. 전쟁이 그렇게 만든 점도 있지만 그런 모습은 베트남의 오랜 전통이죠. 저항

하고, 견디고, 극복해내던 베트남 여성들, 어머니 세대의 오래된 전통 말입니다."

시인과 함께 동행한 세 명의 작가와 만나는 동안 밀물처럼 밀려온 것은 풀 길 없는 죄책감이었다. 베트남에서는 미국에 의한, 한국인에 의한 민간인 학살이 있었다. 남부 지역에서도 폴포트, 캄보디아군에 의한 민간인 학살이 있었다. 베트남 중부 지역에 세워진 한국인 증오비(최근엔 위령비로 바꾼 곳도 있다)는 한국인들이 외면해서는 안 되는 역사다.

"그것은 비극적인 역사를 되풀이하지 않도록 하기 위해 현장에 세우는 것이지 과거를 덮자는 의미는 아닙니다. 가슴속 증오는 오래가지 않습니다. 베트남 텔레비전에서는 전쟁 당시의 참혹한 경험을 다큐멘터리로 만들어 매달 방영합니다. 드라마도 여전히 전쟁이 소재고, 문학이나 미술 작품의 90퍼센트 이상이 전쟁을 주제로 한 것입니다."

시인의 가족사 역시 아픈 현대사를 완강하게 꿰뚫는다. 항전의 시대, 그의 외삼촌 가족 아홉 명 가운데 여덟 명이 남베트남군에 의해 학살당했다. 민간인 공산주의자들인 베트공(남베트남민족해방전선)으로 참전했던 외삼촌 가족 중 두 명이 고향에 돌아왔을 때, 동네 사람 한 명이 "저기 베트공이다"라고 지목, 남베트남 군인들에게 알려버린 것이다. 그 학살의 현장에서 혈혈단신, 아기만 기적처럼 살아남았다.

"그래서 일가족이 죽었어요. 전쟁이 끝난 뒤 나는 손으로 가리킨 그 사람을 죽이고 싶었죠. 그때 어머니가 걱정하시면서 항상 당부하시기를, '죽이지 마라. 저 사람도 그러고 싶어서 그런 것이 아닐 것이다. 어쩔 수 없었을 것이다' 그렇게 말했어요. 점차 저도 '그 사람도 늙어가고, 그러한 환경에서 그렇게 된 것이지, 정말 나쁜 사람이어서 그랬던 것은 아니다' 하는 생각이 들었고 그래서 그들을 용서하게 되었습니다. 시간이 흘러가면 조금씩 잊히는 것 같습니다. 그러나 우선 가해자가 자신들의 마음을 열어 사죄하는 게 중요합니다."

아픔을 다독여주고, 슬픔의 강을 건너게 손을 잡아주는 이는 어머니다. 넓고 깊은 어머니의 마음으로 그들을 이해하기로 했다던 시인, 어렵게 말을 꺼내던 그의 얼굴이 어둡다. 다시 그 순간이 떠올라서였을까. 흔들리는 슬픈 눈빛으로 시인은 잠시 말을 잇지 못했다.

"제주의 자연, 어지러울 정도로
감탄했죠"

"베트남도 메콩 강 일대에 사는 사람들, 남부 지역민에게서 깨어 있고, 열려 있다는 느낌을 받습니다. 또한 참혹한 민간인 학살을 겪어 상상할 수 없는 충격을 받았다는 점도 닮았습니다. 정말 가슴 아픈 일이지요. 그리고 제주의 돌 하나하나 풀 한 포기에서도 굉장히 아름다운 자연을 보았습니다. 아픈 역사에 대비되는 자연에 어지러울 정도로 감탄했죠. 세계적으로 인정받은 세계자연유산의 섬인 만큼 아름다운 자연을 잘 보존하고 가꿔서 세상 사람들이 와서 보고, 느끼고, 좋은 추억을 갖고 갔으면 좋겠습니다. 또한 역사적 의미가 있는 섬으로서 4·3 문제는 세계에 널리 알려져야 한다고 생각합니다. 이런 비극적인 역사가 반복되지 않도록 해 세계 평화에 기여할 수 있기를 희망합니다. 꼭 그렇게 될 것이라고 믿습니다."

　무거운 자기 앞의 생을 살아내야 했던 시인, 제주에 머무는 4박 5일 동안 상상 이상으로 황홀한 제주의 풍경에 마음이 조금은 치유됐다는 찜 짱 시인. 그는 이미 거기 드러나지 않은 제주의 속살을 보고 있었다. 상상 이상으로 제주 사람들이 열려 있고, 품이 넓은 것을 느낄 수 있다고 했다. 이미 그는 제주에서 베트남을 보고 있었던 것은 아니었을까.

고(故) 찜 짱(Chim Trang)　1938년 베트남 남부 벤째 성에서 출생. 본명은 호 반 바. 1959년 스물한 살
／　에 남부 베트남 프랑스문학위원회의 전국 최고 수재로 선발됐다. 시집으로 《무궁히 빛나는 그대의 이름》, 《사랑이 소리 높일 때》, 《해맑은 한가을》, 《풀잎의 노래를 부르다》 등 10여 권이 있다. 1981년 〈길가에 쓰러진 여러 가지〉라는 작품으로 베트남작가동맹이 주는 최고작가상을 수상했으며, 베트남시인협회 부주석과 호치민시작가협회 부주석, 주간 《호치민 문예》의 편집장을 역임했다. 베트남 텔레비전의 24부작 드라마 〈탐정〉에 주연으로 출연하기도 했다. '베트남의 국민 시인', '베트남의 김소월'이라고 불리기도 한다. 2011년 9월 29일 별세했다.

난징과 제주,
아픈 역사를 안고
함께 평화로

난징대학살기념관 관장
주청산

그가 처음으로 제주 4·3의 현장을 밟고 제주의 아픔에 동감했을 때는 침화일군남경대도살우난동포기념관(侵華日軍南京大屠殺遇難同胞紀念館, 난징대학살기념관, 남경대학살기념관)의 부관장 시절이었다. 2005년 그는 제주4·3연구소와 교류하기 위해 제주에 처음 발을 디뎠다. 그때 제주의 구석구석을 돌며 4·3유적지를 돌아봤다. 그렇게 휘이 둘러보며 만났던 제주도의 정경은 오래 마음에 남았다. 이 인상 깊은 섬사람들에게 그는 유독 정이 갔다. 그런 처음의 감정 때문인지 관장으로 있는 난징대학살기념관을 찾았을 때 그는 진정 뜨겁게 환대해주었다. 제주와 난징, 서로가 서로의 아픈 역사를 보듬고 함께 평화를 위해 나아가야 한다는 것이 그의 생각이다.

"어찌해서 어떤 전쟁에서든 최대의 피해자는 민중인가."

역사의 상처와 평화는 함께 간다. 그는 한쪽 어깨에 역사를, 다른 어깨에는 평화를 얹고 있다는 사람이다. 그는 제주4·3평화기념관과 난징기념관의 최종 목적은 평화라고 했다. 20년 한길, 그만하면 여기에 뼈를 묻고 있다고 할 만하다. 중국 난징대학살기념관 주청산 관장. 역사학자이며 시인이기도 한 그는 난징대학살을 화두로 자신의 생을 걸고 있다. 제주4·3의 현장을 찾기도 했던 그의 바람은 미래를 향한 평화의 배로 항해하는 것이다. 그를 만났다. 애절한 영혼이 떠도는, 무수한 죽음이 묻힌 만인갱 유적 위 기념관 광장의 아득함과 알 수 없는 핏빛과 잿빛의 아른함 속에서. 제주4·3의 아픔을 공유하는 그와 못 다한 이야기는 전자우편으로 이어졌다.

난징기념관에서 먹먹해진 것은 이곳이 애도의 공간이기 때문만은 아닐 것이다. 6주 동안 12초에 한 사람씩 죽어갔음을 상징해 12초마다 물 방울이 떨어지는 '12초의 방', 회벽 앞에서 아이를 안고 절규하는 여인 의 조각상, 멸절된 삶처럼 나뒹구는 죽은 자들의 유품들, 초점 잃고 유 린당한 여인들, 죽은 어미의 가슴팍에서 떨어질 줄 모르는 아기의 눈 동자에서도 제주 4·3의 그림자가 겹쳐졌다. "용서는 하되 잊지 마라." 1937년 12월 13일, 중일전쟁 중 일본군에 의한 30만의 죽음을 몰고 온 난징대학살. 곳곳엔 그날의 핏빛 기억이 부조처럼 박혀 있다.

전쟁, 특히 대학살의 후유증은 2, 3세까지 미친다 했다. 역사의 기억은 기념관뿐 아니라 몇 날 며칠을 흘러내렸던 창장(長江) 강이 기억한다. 학 살의 기억으로 만개한 기념관 자체가 증거한다. "오로지 평화로운 미래 를 향한 마음 하나로 기념관을 가꾸고 있습니다." 난징대학살을 대중에 알린 아이리스 장 조각상 앞에 선 주 관장. 그는 20여 년을 이곳으로 출 근해왔다. 하루에도 수많은 관람객이 애도하는 이 공간이 평화를 소중 히 여기고 교육하는 장소가 되기를 희망하면서.

역사는 문화의 자원, 조각은
병사와 서민

　　　"난징은 명나라 때부터 유명한 시인, 화가가 많이 나온 곳입 니다. 중국의 4대 명저 《홍루몽》, 《삼국지》, 《서유기》, 《수호지》가 다 남 방에서 나온 것입니다." 영국인이 셰익스피어를 인도와도 바꾸지 않겠다 했듯, 중국인도 그만큼 아끼는 작가들이 있다. 시인이기도 한 그는 문학작품을 즐겨 읽고 쓴다.

제(祭)

피의 역사를 증명하기 위하여

30여 만의 불굴의 원혼을 위하여

일본이 이 역사를 말살하기 때문에

중국에도 이 역사를 잊은 사람들이 있기 때문에

난징대학살이라는 역사를 만들어냈다고 하는 사람도 있고

역사의 핏값을 잊어버리고 있다

어떤 것은 잊어도 되지만

한 민족의 피눈물은 절대로 잊어서는 안 되고

역사의 비극은 다시는 발생해서는 안 된다

– 주청산, 〈세계는 평화를 바란다〉 중에서

'역사는 문화의 자원'이라는 그는 자신이 관장으로 있는 기념관을 어떻게 설명할까? "기념관의 조각은 병사, 서민을 대상으로 하고 있습니다. 국제법에 따르면 전쟁 때라 하더라도 노인, 아동, 여인을 포함한 민간인은 살해해서는 안 됩니다. 하지만 난징대학살 기간 일본군은 난징의 죄 없는 인민을 아주 잔인하게 살해했습니다. 그들은 인류의 범죄 집단입니다. 기념관의 조각 전체는 역사에서 왔고, 역사에 충실하게, 원상회복했습니다. 현재와 미래를 이어주는 작업을 하고 있습니다. 역사의 자원으로서 발굴하고 지켜나가는 일은 중요합니다. 1985년과 2007년을 거쳐 기념관은 지금의 규모로 변화했지요."

어린 시절, 할아버지 통해 들은
난징대학살

　　　　난징 시 번화가의 신주쿠은행에서 일하던 주 관장의 할아버지는 출퇴근하면서 창장 강에 시체들이 둥둥 떠내려오는 것을 보았다 했다. 후일 퇴직금을 받으러 어린 주청산을 데리고 가면서 당시 일본군이 난징에서 대학살을 했다는 역사를 들려주었다. 그가 받은 첫 번째 충격이었다.

　장쑤 성의 한 군인이 낸 〈난징대학살〉이란 보고서를 보고 두 번째 충격을 받았던 때는 그가 군대 갔을 때란다. "자전거를 타고 다니면서 혼자 구술을 채록하고 적고 그랬습니다." 본격적으로 연구를 시작한 것은 1990년 기념관에 오면서다. "여기 와서 조사하고 연구하니까 감성이 이성으로 바뀌었습니다."

　끈질긴 난징대학살 진실 찾기는 그렇게 시작됐다. "지금 생존자는 200명 정도입니다. 일본까지 가서 난징대학살에 투입됐던 250여 명의 일본 군인을 찾아 채록했습니다. 당시 난징 안전 보호구역에 살았던 미

"4·3의 진상 규명은 자신들의 상처를 스스로 드러내는 일이었기 때문에 더 어려웠을 것이라고 생각합니다. 4·3을 한국인이 직면하는 것은 용기 있는 일입니다. 나라가 저지른 잘못을 직면한다는 것은 쉬운 일이 아니지요."

제주 4·3평화공원의 기념조각상

제주4·3평화기념관 내부, 학살을 표현한 부조 조형물

국·독일·러시아 사람들을 찾아 해외 채록도 병행했지요."그는 난징 기념관에 근무하던 생존자 한 사람이 세상을 떴다고 안타까워했다.

"기념관의 주제는 한마디로 난징학살의 역사를 통해서 평화를 만들어가자는 것입니다. 배치도도 그렇습니다. 앞부분은 역사를 보여주고, 뒷부분은 평화를 이어가는 주제로 되어 있습니다. 역사를 보고 마지막은 평화를 가슴에 안고 기념관을 떠나게 됩니다."난징평화연구소 10년, 난징기념관에서 20년을 보냈다는 주 관장. 한중일 공동 역사교과서에도 참여했다.

"기념관은 문물 자료의 수집·연구 조사·전시 기능을 합니다. 지금 전시해놓은 사진들은 3300장 정도밖에 안 되지만 자료는 15만 건 되니까 계속 돌려서 전시합니다."기념관엔 작년에도 570만 명이 다녀갔다. 최근 들어 홍보에 많은 관심을 쏟고 있는 중이며 중국 전역은 물론 러시아 모스크바에 가서도 전시를 했다.

거대한 벽면의 난징대학살 희생자들의 자료를 모아놓은 문서 보존벽 앞에는 10여 미터 높이의 벽면 글이 사람들을 압도한다. 간체로 박힌 '前事不忘, 后事之師(지나간 일을 잊지 않으면, 훗날의 교훈이 된다)', '역사를 거울 삼아 미래를 개척하자'는 메시지가 담긴 이 말은 기념관의 모토로 1972년 중일 국교 정상화 때 저우언라이(周恩來)가 일본에 건넨 말이다. 40여 년이 지난 지금 중국과 일본이 영유권 분쟁으로 대립, 갈등할 줄을 예상했던 것일까.

난징학살 75주년, 33분 동안 울린
사이렌

　　　　　그는 난징학살 75주년(2014년 12월 13일) 기념행사가 눈앞에 있어서 매우 바빠 보였다. 그날이 되면 전 난징 시에는 33분 동안 사이렌이 울려 퍼진다. 이 소리에 맞춰 난징을 지나는 배는 고동을, 기차는 기적을 울리고, 일하던 시민들은 일손을 멈추고 묵념을 한다. "이렇게 큰 추도식은 나라에서 앞장서서 합니다. 올해는 좀 더 성대하게 하죠. 또한 전쟁과 평화 관련 박물관들과 국제 교류를 자주 하고 있습니다."

　장쑤 성 최대의 공업 도시로 성장한 난징. 대학살 이후, 대지의 아픔과 기억은 여전히 난징 사람들의 가슴을 억누르고 있을 것이다. 묶인 채 오리처럼 끌려가던 수많은 사람, 시산(屍山)을 이뤘던 주검, 그들이 지른 비명을 창장 강은 어떻게 잊을 수 있겠는가. 난징 사람 3분의 1인 30만이 학살로 사라졌다. 일본군은 탄알이 아까워서 키가 비슷한 사람들끼리 모아놓고 한꺼번에 학살했다 한다.

　이들은 일곱 번째 유해 발굴을 했다. 계속 유해 발굴을 해나갈 생각일까? "발굴을 계획하지 않습니다. 발굴하면 안 되지요. 현장 그대로 유지하려고 합니다. 계속 발굴한다면 유골도 더 손상될 겁니다. 만인갱에 들어가는 입구 앞쪽 현장은 1985년에 발굴해서 진열한 겁니다. 현장을 복원하지 않고 유지하자 해서죠. 현장을 유지하지 않았기 때문에 일본 사람들은 그때 피해자의 시체가 아니다 하면서 발뺌을 합니다. 그때의 유해가 깨져서 약품 처리를 했더니, 문화대혁명 때 유해라고 주장하기도 합니다."

하지만 기념관을 찾는 일본인도 많다. "이곳을 찾은 양심적인 일본인들은 사죄를 합니다. 국가가 사죄하진 않았습니다. 이러한 침략과 가해의 역사는 다시 발생해서는 안 되고 일본은 국가적 차원에서 자신이 지은 죄행에 대해 반드시 사과를 해야 합니다."

4·3 진상 규명은 상처를 스스로 드러낸 용기 있는 일

"4·3의 진상 규명은 자신들의 상처를 스스로 드러내는 일이었기 때문에 더 어려웠을 것이라고 생각합니다. 4·3을 한국인이 직면하는 것은 용기 있는 일입니다. 나라가 저지른 잘못을 직면한다는 것은 쉬운 일이 아니지요. 난징학살은 일본이 저지른 것이어서 기념관을 세우기 쉬웠지만 자기 나라가 잘못한 일을, 중국으로 말하면 문화대혁명의 잘못을 반성하는 일은 쉽지 않습니다. 그럼에도 학살이란 점에서 4·3과 난징대학살은 많은 연관이 있는 사건이라고 생각합니다."

그 역시 제주에서 그러한 상처를 목격했고, 동질의 상처를 느꼈다. "당연히 4·3유적지들을 봤습니다. 난징을 침공한 알뜨르 비행장에도 가봤어요. 제주도 자연 풍광이 너무나 아름다워서 더 인상 깊었습니다. 특히 제주 물이 좋았지요. 자연적인 곳이 가장 아름답다고 생각합니다. 난징대학살기념관과 제주4·3평화기념관, 두 역사의 공간은 죽은 이들을 위한 공간, 그 대상이 모두 민중입니다. 우리 기념관은 영웅 인물이 아니라 인민들을 추모하기 위한 기념관입니다. 난징과 제주, 두 역사적 사건의 대상은 모두 민중입니다. 민중은 보호를 받아야 했지만 죄없는 민중들은 피해자였던 것이지요. 국민당 시절 붉은색은 공산당을 상징했지만 난징대학살은 그런 붉은색이 아닙니다."

평화 공원이라는 점에서 4·3과 비슷하다는 것이다. 그는 제주4·3평화재단과 함께하는 교류 역시 평화로운 미래로 가는 길이라 했다. 그가 다시 한 번 강조했다. "이 사건의 역사적 책임과 문제를 평화적 수단으로 잘 해결해야 합니다. 두 기념관 모두 평화 박물관이 되도록 노력해야 합니다. 세계인들에게서 이토록 비참한 역사가 잊히도록 해서는 안 됩니다. 우리의 최종 목적은 평화입니다."

작열하는 난징의 폭염 뒤에는 보이지 않는 것들이 아른거린다. 사라진 그림자들로 허우적거린다. 상승하는 습도, 삼십육 도, 축 늘어진 난징의 플라타너스 아래서 나는 안 들리는 고통의 굉음을 듣는다. 무엇이냐. 도시를 떠다니는 이 무거운 잿빛은. 그것의 정체를 나는 알지 못한다.

주청산(朱成山) 1954년 장쑤(江蘇) 성 난징(南京)에서 출생. 역사학자, 시인. 난징사범대학 세계정치국
/
제관계 대학원 졸업. 연구관원, 난징대학살역사연구회 회장, 중국항전역사학회 상무
부회장, 중국기념관 전업위원회 부주임, 중국일본사학회이사, 중국작가협회 회원이다. 저서로는 《난징대학
살 생존자 증언》, 《난징대학살 외국 인사 증언》, 《30만 원혼의 부르짖음 ―주청산이 연구하는 난징대학살
문집》, 《해외 난징대학살 사료집》, 《세계 평화 개황》, 《평화학 개론》, 《미래를 위한 노래 ―주청산이 연구하
는 평화 학문집》, 《도우시로우와 13년》, 《문화에는 국경이 없다 ―주청산 산문집》, 《불굴의 성문》 등이 있
다. 또한 합편, 주편한 서적이 66권으로 〈영화 '난징! 난징!'에 관한 역사학 평가〉 등 논문과 문학작품이 다수
있다.

제주 벚꽃,
젊음처럼 피고
죽음처럼 진다

베트남 시인
탄 타오

베트남 남부의 국민 시인이 찜 짱이라면, 탄 타오는 베트남 중부의 국민 시인이다. 시인의 노래는 평화가 되고, 아픈 영혼을 치유한다. 탄 타오 시인이 제주 땅을 밟은 것은 제주민예총이 마련한 국제 문학 심포지엄 참석차였다. 2008년 4·3 60주년을 계기로 제주민예총은 베트남 꽝아이 성과 예술 연대를 시작했다. 베트남 꽝아이 성을 찾았을 때, 거기서 처음으로 두 소수민족 여인이 절묘한 호흡으로 연주하던 가늘고 여린 풀피리 소리를 들었던 적이 있다. 영혼 깊은 곳으로부터 울려나오는 듯한 그 소리는 '아맙'이란 악기 소리였다. 숨결과 숨결이 주고받는 삶과 영혼의 노래였다. 탄 타오 시인은 시로 노래했다. 〈아맙 나팔을 부는 두 사람〉이라는 시에서 "서로 마주 도네. 어둠은 빛을 향해 돌고, 두 잎새 얼굴을 맞대고, 두 숨 들이쉬고, 두 날개 날고, 회오리치고, 숨이 막혀 오네. (하략)" 이후 다시 그들을 제주로 초청했을 때, 두 여인은 제주 사람들에게 아맙 연주를 선사해 제주의 영혼을 일깨웠다. 그때 원초적 순수, 풀피리의 여운은 얼마나 아련했던가.

그가 본 제주는 두 강대국을 물리친 베트남 인민의 힘처럼 강했다. 제주는 민중의 질기고 자발적 힘으로 강하게 버티고 있었다. 그는 저 흙바람 속의 들풀 같은 제주 민중의 의지가 4·3을 극복한 원천인 것 같다 했다.

4·3 60주기 위령제가 열리던 4·3평화공원에서 그는 매우 진지하게 셔터를 누르고 있었다. 흡사 제주의 상처를 새기고 있는 것처럼 보였다. 시인은 "4·3은 제주만의 아픔이 아닌, 베트남의 아픔, 세계의 아픔이다"고 했다. 베트남 꽝아이 성에서 온 시인 탄 타오. 따뜻한 나라에서 온 그는 제주의 사월 꽃샘바람살을 어쩌지 못해 빌려 입은 재킷으로 무장을 했다. 살짝 움츠렸으나 표정은 의연했다. 베트남전쟁에서 입은 총상이 걸음을 불편하게 했지만 그는 전혀 내색을 하지 않았다.

그의 고향은 1968년 3월 16일, 베트남전 당시 최대의 민간인 희생을 불러왔던 밀라이(베트남식 지명 썬미). 대학살이 일어났던 바로 그곳이다.

"시인이 어린아이라고 한다면 나는 어린아이이고 싶다." 세계 100대 시인에 꼽히기도 하는 탄 타오 시인의 말이다.

과거 조명하는 일은
미래로 나가기 위한 일

밀라이의 상처가 떠올라서였을까. 그의 앵글에 잡히는 사람들은 대부분 위령제에 참석한 노인들이었다. 그는 숙연했고, 눈빛은 매우 맑았다. 얼마 전, 그의 고향에서도 밀라이학살을 기념하는 40주기 위령제가 있었다고 운을 뗐다. 스님 50명을 모셔 학살당한 504명의 해탈을 기원했고, 평화의 염원을 담았다 했다. 그런 그가 제주 4·3 60주년을 기념하는 위령제에 참석한 것은 바로 보름 후였다.

"알고 있었지만 막상 와서 보니까 이 아름다운 섬에서 10분의 1이 넘는 주민이 학살됐다는 데 정말 놀랐어요. 어떤 이유로도, 어떤 명분으로도 있을 수 없는 일입니다. 인류의 비극이죠. 모든 사람에게 목숨은 단 하나입니다. 3만 명이라는 희생자 수도 놀랍지만 이 비극이 동족에 의해 민간인들이 학살되었다는 사실에 더 놀라움을 금할 수 없었지요. 학살현장에 섰을 때 가슴이 울렁거려 현기증을 참을 수 없었어요."

또 하나, 그의 가슴을 친 것은 바로 민중의 힘이란다. 묻혔던 60년 전 사건의 진실 투쟁을 끈질기게, 지속적으로 해온 제주도민의 의지는 시인에게 깊은 울림이었다.

"저희는 한국인의 지난했던 민주화 투쟁을 배워야 한다고 생각합니다. 평화를 향한 투쟁 말이죠. 상처는 완전히 회복되지는 않습니다. 그럼에도 제주 사람들이, 위령제의 슬로건처럼 '기억을 넘어서 평화의 바다로' 가고 있다는 것을 확인할 수 있었습니다. 우리가 과거를 잊을 수는 없지만, 과거를 조명함으로써 미래로 나아갈 수 있다고 믿습니다."

그는 베트남과 한국이 공유할 수 있는 두 단어가 있다고 했다. 하나는 '진실'이며, 또 다른 하나는 '평화'다. 우리가 과거에 대해서 공평할 때 공정한 미래를 가질 수 있을 것이란 믿음 때문이다. 지금 이곳이 공정한 시선을 가진 이들의 세상이라면 세계는 분명 평화를 소리치지 않아도 될 일이다.

제주의 비극 4·3을
노래하다

돌이 된 제주의 눈물 대양을 흐르고
푸른 하늘 아래 돌 지붕
돌아오라 돌아오라
시커먼 벽이 통곡을 멈추지 않네
기억의 등에 기대어 앉은 노인 하나

가만히 바라보네

돌아오라 돌아오라

　　　　　　　　　－ 탄 타오, 〈제주의 혼을 부르는 자〉 중에서(구수정 역)

　이 시는 2008년 4월, 제주4·3 행사를 지켜보면서 그가 베트남과 동
질의 고통으로 만난 땅, 제주도에 바치는 시다. 4·3 문학을 보고 문학에
대한 신뢰와 희망을 발견하게 됐다는 그는, 제주작가회의가 마련한 평
화공원 내 '시간의 벽'에 제주 시인들의 시와 함께 걸린 자신의 시 앞에
서 한참을 서 있었다. 비록 언어는 통하지 않았으나 이미 마음은 하나가
되고 있었다.

　그의 시는 서정과 서사가 서글프게, 눈부시게 결합되어 있다. 4·3의
상처를 어루만지는 이 시인의 모습에서 오래도록 잃어버렸던 사람들의
얼굴이 겹쳐졌다.

《밀라이의 아이들》로 베트남
최고 작가상

　　　'밀라이'는 베트남의 고통을 아는 사람에게는 익숙하다. 시인
의 인생에 있어서 '밀라이'는 각별한 이름이다. 밀라이학살은 그의 고향
에서 일어난 사건이며, 1주기 때 그는 그 학살을 기사로 썼다. 그의 첫
기사였다.

"전쟁 중에 저는 종군기자로 돌아다녔기 때문에 다시 밀라이로 가지는 못했었죠. 그런데 베트남전쟁이 끝나자마자 처음 돌아간 곳이 밀라이예요."

1976년, 전쟁 직후였다. 이때 시인은 밀라이에서 한 달 동안 지냈다. 전쟁이 끝난 후 미국은 작은 마을에 엄청나게 폭격을 퍼부었다. 밀라이의 모든 흔적이 지워졌다. 학살 이후, 사람들은 더 이상 거기서 옹기종기 살 수 없었다. 밀라이는 집도 없고, 심지어는 나무도 없었다. 그야말로 민둥, 아무것도 없는 황량함만이 가득했다. 그러나 고향을 떠났던 이들이 돌아갈 곳은 고향밖에 없었다. 그들은 다시 고향으로 스며들었다. 집 터도 남아 있지 않고 나무도 남아 있지 않은, 들도 없고 벌판도 없는, 그들이 향한 곳은 농사지을 땅도 없는 고향이었다.

고향을 찾은 사람들은 다시 집을 지었다. 아무런 희망도 찾을 수 없고, 아무런 터전도 없는 곳이었다. 없어진 마을을 일으켜 세우는 것, 그것이 그들의 희망이었다. 그곳에서 그렇게 살아가는 사람들을 보았다. 그 역시 빈터처럼 황량했다. 그런 그에게 희망이 찾아왔다. 희망은 바로 눈앞에 있었다. 남루한 아이들이었다. 황량함 속의 아이들, 그는 그 아이들을 보면서 '밀라이가 다시 설 수 있겠구나' 하는 희망을 확신했다. 아이들의 맑은 눈동자, 밀라이의 희망은 바로 아이들이었다.

"아이들 안에 고귀한 인간의 품성
살아 있어"

그는 참으로 숭고했던 두 아이의 모습을 잊을 수 없다 했다. 그때 천진난만하고 아무것도 모르는 철없던 두 아이는 지금도 사람들에게 밀라이의 상징으로 기억되고 있다.

"학살 당시 형은 열 살이었고, 동생은 여덟 살이었어요. 미군들이 뒤에서 총을 막 쏘면서 들어오니까 형이 동생을 데리고 도망가요. 형은 동생을 계속 끌어안고 총탄으로부터 동생을 보호하기 위해 계속 몸으로 감싸고 구르는 거예요. 근데 결국 이 두 아이가 죽거든요. 어른들이 보기에 아이들은 그저 천진난만하고 아무것도 모르는 것 같지만 사실은 아이들 안에도 인간으로서의 가장 고귀한 품성이 살아 있다는 거죠."

시인은《밀라이의 아이들》에서 전쟁 속에서 피어난 아이들의 사랑과 순수를 통해 참화 속에서 지지 않는 마지막 희망을 전하고 있었다. 체험보다 더 절절한 시가 있다면, 그의 장편 연작시《밀라이의 아이들》은 베트남전쟁을 소재로 한 가장 뛰어난 서사시로 평가받을 만하다.

1978년 밀라이학살 10주년에 맞춰 출간된 이 시집으로 그는 베트남 최고 작가상을 받았다. 베트남전쟁 당시 민족해방전선이 미군과 싸우기 위해 만든 총길이 250킬로미터의 지하 땅굴인 구찌 터널에서 쓴 시였다. 이 시집이 나온 지 30년인 올해, 그는 시집을 재출간했다.

《밀라이의 아이들》, 이 서사시를 써 내려갈 때 그는 무엇을 떠올렸을까. 그가 떠올린 것은 전쟁이 아니었다. 거기에 핀 꽃이었다. '땅의 얼굴이 어린이들의 얼굴로 가득하네' 그것은 희망의 참얼굴이었다. "어린아이들이야말로 인성을 가지고 있고, 자연스럽게 평화를 사랑하는 존재이기 때문입니다."

"작가는 자유로운 영혼을 가져야
하는 자"

그가 가슴에 뿌리처럼 깊게 심고 있는 것은 '자유로운 영혼'인 듯하다. 문학을 하는 자, 글을 쓰는 자는 정말 자유로워야 한다는 것, 어디에도 얽매이지 않고 어떤 억압에도 굴하지 않는 '절대적인 영혼의 자유를 가진 자'여야 한다는 것이다. 무엇보다 문학을 하는 사람은 적어도 자신보다 큰 것을 지향해야 한다고 그는 생각한다.

"가장 가슴 아픈 것은 전쟁 중에도 인민은 가장 고통받는 존재였고, 전쟁이 끝난 후 40년이 됐는데도 인민은 고통 속에 있는 존재라는 거지요."

고통받는 존재에 대한 의무감, 그것이 그를 늘 깨어 있게 한다. 그리고 문학은 민중이 기댈 수 있는 것이어야 한다는 생각이다. 그는 어느 시에서 '인민들은 하늘의 별보다 고귀하다'고 썼다. 진정한 문학은 민중에게 희망이다. 민중은 또한 시인에게 희망이다.

"보이지 않는 무형의 밥, 영혼의 밥 이런 것들을 주는 게 문학이라고 한다면, 문학은 당연히 희망이 될 수 있다고 봅니다. 문학 자체가 인민들

4·3행방불명인 표석 앞에서 희생자를 추념하는 빗속의 유족들

에게 밥을 줄 수는 없지만…"

참혹한 사건을 겪은 전후, 삶의 양식은 달라졌다. 고통과 상처를 극복하고 수많은 예술가가 그 기억을 다뤘다. 제주4·3 또한 그러할 것이라고 그는 생각한다. 기억은 예술이다. 그래서 꽝아이에는 시를 사랑하는이들이 많고, 꽝아이 시인들은 삶과 역사에 대한 시를 많이 쓴다 했다.

"전쟁 이후 일상의 삶도 문학이 될 수 있습니다. 하지만 현재의 인간과 삶을 다룬다 해도 그 안에는 아직도 전쟁이 묻어 있지요. 왜냐하면인민의 기억이 지워지지 않았기 때문이에요. 인민의 삶이 전쟁에서 벗어나지 않았기 때문이죠. 이 작가가 전쟁에 대해서 쓰면 저 작가가 전쟁에 대해서 쓰고…. 전쟁의 내용과 기억이 달라지고 있긴 하지만 베트남 문학이 아직은 그 기억으로부터 벗어나지 못하고 있는 거죠. 그래서 나는 기억의 문학 이야기를 하고 싶어요."

그는 언젠가 민중에게서 이 전쟁의 기억이 가벼워질 때, 베트남 문학이 기억의 문학으로부터 조금은 가벼워질 수 있을 것이라 생각한다. "베트남전쟁 당시 젊은 부대원들은 사랑하는 사람과 단 한 번의 입맞춤도 하지 못하고 숨겨갔습니다. 전쟁은 사랑의 적입니다." 그는 이렇게도 말했다. 그렇게 한 세대의 기억은 다음 세대로 유전되는 것이므로.

한국의 친구들, 증오심 조금씩 벗겨가

베트남이란 이름은 우리에게 참 무겁게 다가온다. 여전히 '그 빛'에서 벗어날 수 없다. 그리고 조심스럽다. "밀라이학살보다 더 광범위하게, 더 대규모로 한국군에 의한 학살이 곳곳에 널려 있었어요."

전쟁 후 한국에 대한 그의 인상은 거의 최악이었다. 그 인상은 옅어지기는커녕 베트남이 개방되고 한국 사람들이 베트남에 진출하기 시작하면서 더 짙어졌다. 한때 기자였던 그의 눈에 비친 한국인의 모습은 그를 다시 분노하게 만들었다. "한국 자본가들이 베트남 노동자들을 구타하고 폭력을 행사하고 희롱하고 경멸하는 사건이 베트남 신문 지면을 매일 채웠던 시기가 있었죠. 베트남의 환경을 망치는 일도 다반사고요. 그것을 보면서 나는 오랜 시간을 뒤도 회복되지 않는 짓을 한국 사람들이 하고 있다고 생각했어요."

그럼에도 불구하고 그의 이런 절망을 바꿔준 사람들이 있었다. 그 역시 한국 사람들이다. '베트남을 이해하는 작가들의 모임', '평화의료연대' 등 많은 엔지오 단체와 청년, 그들은 베트남의 친구가 되었다. 여기서 그는 신뢰의 싹을 보았다.

과거 베트남에서 자행됐던 한국인들의 죄악을, 이 사람들과 함께 손을 잡고 해소해나갈 수 있겠구나 생각했다. 그는 함께하는 것이 희망을 심는 것이라고 봤다. 베트남 사람들이 이런 친구들을 통해서 과거 한국에 가졌던 증오를 조금씩 벗겨나갈 수 있을 거라는 희망 말이다.

제주에 대한 헌사
〈제주 벚꽃〉

그는 러시아의 대시인 요셉 브로드스키가 데렉 월컷의 시를 평가한 것을 제주의 작가들에게 주는 메시지에 갈음했다. "중앙에서 멀어질수록 시는 더욱 신선해진다. 이제 시의 중심은 변방 지역과 작은 섬으로 이동하고 있다."

제주4·3평화공원의 위패 봉안실 앞에서 그가 제주에서 쓴 시 〈제주 벚꽃〉을 조용히 낭송하던 모습이 아직도 생생하다. 마치 먼 데 젊은 영

제주의 벚꽃 길

왕벚나무는 해발고도 500미터 내외에서 분포하는 수목이다. 제주도의 왕벚나무는 표고가 이보다
더 높은 곳에서 자라는 산벚나무와 더 낮은 곳에 분포하는 올벚나무 사이에서 태어난 것이라는
학설이 있다. 왕벚나무의 개체 수는 무척 적은 편으로, 봉개동과 신례리의 왕벚나무 자생지는 현재,
천연기념물로 지정해 보호하고 있다.

⟨**비설**(飛雪)⟩

제주4·3 당시 희생된 모녀의 모습을 형상화한 4·3평화공원의 야외 조형물. 당시의 비극을
상징적으로 보여주고 있다.

혼을 불러오는 듯한 절절함이 공원 안에 펄럭이고 있다.

벚꽃처럼 젊은 죽음

그대는 제주에서 학살당한

이들의 영혼이라 했다

벚꽃 공간에 매달린

흰

돌

처럼

가볍게

떨어지는

꽃잎들

— 탄 타오, 〈제주 벚꽃〉 중에서

탄 타오(Than Thao)   본명은 호 탄 꽁(Ho, Tanng Cong). 1946년 베트남 중부 꽝아이 성에서 출생. 1968
/   년 하노이대학 문학과 졸업. 베트남전쟁 당시 호치민 루트를 따라 남쪽으로 내려
와 사이공의 구찌 터널을 중심으로 벌인 민족해방전선에 문예 전사로 참전했다. 베트남 중부를 대표하는 국
민 시인(남부는 쩜 꽝 시인, 북부는 후 틴 시인). 평론가, 언론인, 축구평론가 등으로도 활동하고 있다. 베트남 작가협
회 시분과 부주석, 꽝아이 성 예술연합회 주석을 맡고 있다. 15권의 시집과 문학평론집이 있다. 2001년 국가
문학상, 1978년 베트남 작가협회 최고 작품상을 수상했다. 프랑스, 미국, 네덜란드, 호주, 에스파냐, 한국 등
에 그의 작품이 소개됐다.

아는 것보다 더
중요한 것은
작은 실천

일본 한라산회 고문
나가타 이사무

그와 제주의 인연은 어느새 8년. 말을 하면 곧바로 실천해야 한다는 그의 열정은 그를 만나본 사람들을 놀라게 한다. 그가 제주를 사랑하는 이유는 제주도가 오키나와와 동질의 아픔을 간직한 섬이라는 것이다. 그리고 태평양전쟁 중 일본의 조선인 학살 등 일본이 사죄해야 할 과거사에 대한 껄끄러움 때문이다. 평생 다니던 일본의 국철노동조합에서 퇴임한 뒤, 그가 한 일은 그동안 꿈꿔오던 평화와 인권을 위한 '행동하는 실천'이었다. 그 출발은 제주 4·3 60주년 기념식에 참가하면서다. 오키나와, 오사카 등지에서 평화와 인권에 주목하는 일본인들을 모아 '4·3을 생각하는 한라산회'를 만들었다. 그는 고문을 맡아 모든 기획을 한다. 해마다 이들과 4·3위령제에 참가해 함께 노래하고, 유적지를 순례한다. 또한 자신의 연금을 털어 오키나와와 제주도의 평화 교류를 위한 사업에 아낌없이 내놓는다. 제주 민요를 부르고 연구하는 '제주소리' 단원들을 초청, 오키나와의 아카 섬, 요나구니 섬 등에서 평화 음악회와 조선인 '군위안부' 추모제를 열고 있다.

"안다면 행동하는 것이 중요하다"고 했다. 그래서 그는 죽을 때까지 4·3 위령제를 찾겠다고 했다. 지난 2008년, 4·3 60주년에서 그를 처음 만났다. 자비를 털어 제주도에 온 47명의 일본인과 함께였다. 다음 해, 또 다음 해에도 그의 얼굴이 보였다. 이제는 정식 명칭 '제주4·3사건을 배우고 함께 행동하는 모임'(약칭 '한라산회')의 고문으로 당당하게 참석한다. 오키나와의 비극과 제주의 비극은 깊은 고통과 슬픔의 기억으로 닿아 있었다. 나가타 이사무 한라산회 고문은 4·3을 안 후, 자신의 사재를 털어 오키나와 외딴섬에서 죽어간 조선인 '군위안부'와 강제 징용자들을 위한 위령제를 연다. 때마침 서울에서는 '위안부' 할머니들의 1000번째 수요 외침이 터지고 있었다. 제주에서 열린 세미나 참석차 온 그를 다시 만나 그의 속마음을 들었다.

마음에 담아두기 위해 계속

위령제 참가

"제주도와 오키나와의 평화 교류가 더욱 활성화되도록 하는 것이 저의 과제입니다. 4·3 60주년 위령제 끝나고 일본으로 돌아가서 한라산회를 만들 때 그런 이야기를 했어요. 4·3을 배우고 아는 것을 넘어 구체적인 행동을 해야 한다고." 2007년 제주도에 왔다간 친구가 그에게 4·3에 대해 알려줬고 그는 일본어판 《제주4·3》을 읽고 제주에 왔다.

"이런 위령제는 정말 본 적이 없었어요. 유족들과 이야기를 나누면서 감동을 받았어요. 오사카에 가서도 4·3위령제 다녀온 이야기를 했어요. 과거의 역사인 4·3을 현재의 사람들이 이어가는 거라고. 일본 사람들은 관심 없어요. 60주년 행사에 한번 참석한 뒤 오지 못하는 사람들이 많습니다. 관심 있는 사람들이 매년 오는 거죠."

그는 이 충격을 마음에 담아두기 위해선, 많은 사람이 지속적으로 위령제에 참가해 억울하게 희생된 혼백을 위로해야 한다고 생각한다. 오키나와 출신은 아니지만, 행동으로 보여온 일관된 삶, 그는 제주와 오키나와를 잇는 평화 교류를 행동으로 실천한다.

해마다 4·3현의합장묘 등 4·3 유적지를 찾아가다 보니 그도 이젠 전문가가 다 됐다. 4·3위령제에 참가하고 현장을 찾은 일본 참가자들 앞에서 직접 마이크를 잡고 설명한다. "현장을 보지 않고는 어떤 건지 알 수 없습니다. 현장에 오면 마음에서 우러나오는 것이 있습니다."

"제주도와 오키나와의 평화 교류가 더욱 활성화되도록 하는 것이 저의 과제입니다. 4·3 60주년 위령제 끝나고 일본으로 돌아가서 한라산회를 만들 때 그런 이야기를 했어요. 4·3을 배우고 아는 것을 넘어 구체적인 행동을 해야 한다고."

제66주년 4·3희생자추념식에 참가한 한라산회

그는 제주 4·3유족회 등을 오키나와에 초청, 오키나와전쟁 때 죽은 사람들을 위해서 아카 섬에서 위령제를 열고 있다. 퇴직 후 받는 자신의 연금을 죽은 영혼들을 위해서 쓴다. "내가 하고 싶은 일에 쓰는 겁니다. 가치 있는 일에 쓰기 때문에 아깝지 않습니다. 돈은 이럴 때 쓰려고 버는 것이죠."

아버지는 대목수, 조선인 친구들과
잘 지내

그는 오사카의 시골 마을 도요나카의 아이로 자랐다. 남태평양의 괌 등 태평양전쟁에 동원됐다가 돌아온 아버지는 그 뒤 농촌으로 가지 않고 대목수가 됐다. 그의 마을은 조선인, 중국인이 모여 살던 마을. 초등학교는 그야말로 국제학교였다. 조선인, 중국인에 대한 일본인의 차별을 눈으로 봤다. "이상하다. 이상하다. 왜 그럴까. 다 같은 친구들인데. 부친은 그렇게 생각하지 않았는데 대개의 일본 아버지들은 같이 놀지 말라고 차별했어요. 조선인은 냄새가 난다며 꺼려 했어요. 그땐 조선인, 중국인 친구가 많았어요. 조씨, 이씨…. 모두 친구죠. 다들 하층민이었어요."

형제는 누님과 자신, 둘뿐이었지만 부모는 먹고살 일이 바빠 돌볼 여유가 없었다. "반찬 없이 밥에다 간장을 넣고 비벼 먹는 세월이었어요. 전쟁 중에 먹을거리가 없었어요. 반에도 그런 학생이 반이었죠." 다른 조선인 친구들에 대한 의문이 풀린 것은 중학교 들어가서였다. "그들의 탓이 아니구나 생각했죠. 강제 연행이 있었고, 그렇게 와서 살고 있는 사람들이 있다는 것, 이것이 일본의 역사라는 것을 내가 현재 살고 있는 현장을 통해서 알게 된 것이죠." 사회의 모순이 보이기 시작했다. 그러나 알면서도 해결할 수 있는 길이 없다는 것도 알았다.

고등학생 때 호롱불 들고 베트남전
반대 운동

고교 때의 관심사는 베트남전쟁이었다. 그의 고향에서 서쪽 마을은 미군기지였다. 베트남전쟁 땐 미군 비행기가 날아가는 것을 직접 볼 수 있었다. '베트남전쟁 반대' 운동에 나섰다. 교문 앞에서 전쟁 반대 유인물도 뿌렸다. "수업을 받지 않았기 때문에 문제아 취급을 당했어요."

그는 '전쟁하면 사람이 죽는다. 전쟁 중지시키러 가자'는 생각으로 참가했다. 고등학생 말고 일반인도 500여 명이 모였다. "호롱불을 들고 '전쟁 반대'를 외치면서 마을을 돌았어요. '지금 뭘 하고 있느냐', '누구를 위해 전쟁을 하는 것이냐', '미군은 나가라' 했어요."

이때부터 그의 가슴에는 평화에 대한 갈망뿐이었다. 다른 친구들은 대학 진학 공부에 열을 올릴 때였다. "나는 저렇게 공부만 하지는 않겠다. 열심히 공부하는 목적이 자신을 위해서 진학하는 것인데 전쟁이 나면 나가서 사람을 죽이고 차별하고 이런 것은 어떻게 하느냐. 그런 인간이 싫어졌어요. 수업 시간에도 흥미가 없고 재미가 없었어요." 사회의 심각한 모순만이 눈에 들어왔다. "공부는 안 했으나 시험은 봤지요. 대학이 '너는 무리다' 해서 포기했어요."

국철노동조합서 오키나와에 관심 가져

서점에 취직했다. 얼마 다니다 정식으로 들어간 곳은 일본 국철노동조합본부. 본부 서기장, 부위원장까지 지냈다. 58세로 퇴직하고 지금은 특별집행위원으로 지낸다. 그가 오키나와의 비극에 시선을 둔 것은 50세 때, 노조 활동하던 당시 오키나와에 연수를 가면서다. 직접 본 현장은 달랐다.

"산 뒤 마을 사람들이 전부 산으로 올라가 '기셈바르'라는 노래를 부르면서 미군의 군사훈련을 몸으로 막아냈어요. 그 모습에 감격했어요." 오키나와 미군기지 반대 운동에 나섰던 현재 한라산회 회장인 우미세토 유타가(평화 활동가이면서 음악가)의 전화번호를 알아냈다. 그러곤 그와 함께 처음으로 오키나와를 한 바퀴 돌면서 실상을 듣게 됐다. "섬을 그렇게 돌아보고 나서 그에게 말했지요. 우린 이젠 형제다라고. 오키나와 출신은 아니지만 오키나와의 아픔과 현실에 공감하는 순간 같은 핏줄이라는 생각이 들었지요. 이것이 인연이 됐죠."

10년간 오키나와 평화 연수와 평화교육을 받았다. 처음 공부한 것은 오키나와전인데 '히메유리 이야기'에 충격을 받았다. 당시 열다섯 살 소녀로 오키나와전 이후 20년 만에 입을 연 한 여인의 증언을 들었던 것이다. 오키나와전 당시 차출당해 학생 응급 요원으로 활동했었다는 그녀, 선생님이 집단자결하자고 해 모두 그렇게 했는데 친구들은 모두 죽고 유일하게 그녀만 살아남았다는 얘기였다. 그녀는 평생 트라우마에 시달렸다 한다. "불려 나가 증언하다 쓰러진 적도 있다 해요. 요청이 매우 많았던 거죠. 그래도 1년에 한 번씩은 증언하는데 '아이들은 어머니 그만하세요. 이런 충격 받고 어떻게 살아갑니까' 하고 말린다고 해요. 오키나와에 가면 그런 살아온 얘기들을 듣게 되죠."

오키나와 조선인 '군위안부' 배봉기 할머니가
남긴 말

　　　　'철의 폭풍'이라는 '오키나와전쟁'. 1945년 3월 26일부터 9월까지 미군과 일본군 사이에 벌어진 최후의 대규모 결전이었다. 그해 3월 26일, 미군이 오키나와 본섬 서쪽의 게라마 섬과 아카 섬에 상륙, 전투가 시작됐다. 게라마 섬에도 조선인 '군위안부'가 있었다는 것을 알았다. 충격이었다. 그는 그렇게 참혹하게 죽어간 슬픈 넋들을 위한 위령제를 지내고 싶었다. 그리고 그것을 실행에 옮겼다.

　　그는 배봉기 할머니(70년대 '일본군 위안부'로서 최초로 증언해 사실을 밝히고 오키나와에 살다가 작고)가 돌아가시면서 남긴 말씀을 기억한다. "보상이 아니라 진실을 인정하는 것만이 진정한 사과가 아니냐. 왜 일본 정부가 진실을 인정하지 않고, 알리려고도 하지 않느냐 했죠. 배상과 위령의 문제도 그렇습니다. 아직도 일본은 해결을 하지 못하고 있어요. 그렇습니다."

답답할 뿐이다. 일본 정부가 아무 말을 하지 않고, 오키나와에 조선인 '군위안부'가 많았는데도 교과서에 수록하지 않기 때문이란다. 일본에선 지금 와서 들춰내서 뭐하겠느냐는 사람도 있단다. "아카 섬엔 조선인 가족 7명이 스파이 누명을 쓰고 죽었어요." 그는 오키나와의 작은 섬을 볼 때마다 가슴이 짓눌린다 했다. 오키나와전에서 죽은 사람, 행방불명자, 정신병자, 살았으나 트라우마에 시달리는 사람이 얼마나 많은가.

제주 올레길에서 역사적 고통
위로받다

나가타 이사무. 그는 걷는 것을 좋아한다. 제주4·3 행사에 참가하고 일정이 마무리된 후에는 반드시 제주 올레길을 걷는다. 한라산회 회원들과 함께 걸으며 비로소 제주 대자연의 매혹에 빠진다. 투명한 빛과 공기, 오름과 파란 바다, 계곡을 한꺼번에 모두 만날 수 있는 곳이 세계 어디 흔하랴. 한때 오키나와 요나구니에도 비슷한 올레길을 만들자며 제안했고, 시도했다. 제주 올레길이 훨씬 아름답지만. 한라산회는 이미 많은 제주 올레 코스를 섭렵했다. 한일의 갈등과 역사적 고통에

그는 걷는 것을 좋아한다. 제주4·3 행사에 참가하고 일정이 마무리된
후에는 반드시 제주 올레길을 걷는다. 한라산회 회원들과 함께 걸으며
비로소 제주 대자연의 매혹에 빠진다. 투명한 빛과 공기, 오름과 파란 바다,
계곡을 한꺼번에 모두 만날 수 있는 곳이 세계 어디 흔하랴. 한때 오키나와
요나구니에도 비슷한 올레길을 만들자며 제안했고, 시도했다.

아름다운 제주 올레길

저린 마음들이 이 길 위에서 다 평화로워지기를 바란다.

또한 그는 강정마을의 구럼비 해안을 잊을 수 없다. 바로 앞 범섬과 조화를 이룬 그 바다의 아름다움을 잊을 수 없다. 거기서 해군기지 문제로 마을 주민들과 경찰이 대치하고 있는 모습은 참으로 안타까웠다. 떠나지 않는 질문이다. 평화란 무엇인가.

"제주도와 비슷한 오키나와 요나구니 섬에 군 기지가 들어서는데, 오키나와에서는 여기처럼 격렬하게 반대하지 못했어요."

오키나와 최서단 밤톨 같은 섬 요나구니. 조선 시대 제주 표류민 김비의 등이 표류, 반년간 거주했던 곳이며 조선인 위안부의 넋이 흐르는 섬이다. 때문에 그는 이 섬에 각별한 의미를 부여한다. 점점 제주 사람들과 정이 깊어간다는 나가타 이사무. 내년 4·3위령제에도 그는 변함없는 모습으로 나타날 것이다.

나가타 이사무(長田勇) 1947년 오사카 부 도요나카 시 출생. 오사카 미노 시 이마미야 거주. 일본 국
/ 철노동조합에서 58세까지 근무했고, 현재 국철노조 특별집행위원이다. 오키
나와 '제주4·3사건을 배우고 함께 행동하는 모임'인 한라산회 고문. 한라산회 회원은 130여 명, 50여 명이
제주4·3 60주년 위령제에 처음 참가한 이후 매년 4·3위령제에 참가하고 있다. 2009년 창간호를 낸 뒤 1년
에 한 번씩 한라산회 회지《4·3》을 1500부 발간해왔다. 2010년엔 아카 섬에서 평화 축제를, 2012년 3월 24
일에는 재일 시인 김시종을 초청 제주4·3을 기리는 오키나와 집회를 개최했다. 2013년엔 요나구니 섬에서
70년 만에 조선인 위안부를 위한 위령제를 열었다. 2014년 5월엔 대마도에서 제주4·3사건과 제주전통예능
의 밤을 여는 등 지속적인 평화 활동을 벌이고 있다.

고통의 기억,
말로 할 수 없는
공백의 섬

재일 3세 작가
강신자

일본 이름 교 노부코. 한국명 강신자. 두 개의 이름을 가진 그는 재일 3세 작가다. 1980년대 후반 한국에 체류하기도 했던 그는 한국 대중 가수들을 일본에 소개하는 역할도 했다. 그가 처음 제주도에 닿은 것은 2010년 〈아사히신문〉과 제주 코디네이터로 참여하면서다. 그때 4·3 현장을 찾았고 제주의 상처와 대면했다. 제주 출신 고모부가 제주4·3과 관련 있다는 얘기를 뒤늦게 들었다. 그런 인연 때문인지 이후 홀로 찾은 제주에서 그는 꽤 오래 머물다 가기도 했다. 올레길, 오름, 마라도의 바람도 품었다. 그는 제주도에서 말할 수 없었던 기억을 듣고자 했다. 2011년 그는 그 체험을 일본 신문에 〈제주도 올레 순례〉란 이름으로 연재했다. 제주도의 기억, 기억의 공백, 소리, 노래, 굿 등 그가 제주에서 피부로 느낀 것을 썼다. 제주의 내면을 특유의 내성적이고 비구상적인 문체로 재생시켰다. 색다른 형식의 제주 기행이었다. 그의 제주 느끼기는 아직도 계속되고 있다.

"붓으로 굿을 한다."

직감이었다. 처음 제주도와 마주했을 때, '이 섬엔 와야만 한다'고 자신에게 암시해왔음을 알았다. 이 말은 그의 〈제주노트〉에 나오는 한 구절이다. 그동안 무수한 섬을 돌아다녔다. 그는 그의 저서 《이리오모테》에서 "세계는 무수한 섬으로 이루어졌다"고 썼다. 육지에 있어도, 어디에 있어도, 디아스포라들은 섬에서 살고 있다고 생각했기에. "오랜 방랑 끝에 도착한 섬이 제주도라는 걸 느낀 거예요. 이런 자연도 있고, 역사도 있고, 그래서 참혹한 아름다움도 있다는 거지요. 보편적인 주제가 여기에 있는 것 같아요."

자신은 머리가 아닌 피부로 느낀다는 재일 3세 작가 강신자, 그의 주제는 디아스포라[이산(離散), 또는 이산자]다. "아, 디아스포라들은 육지에 있어도 섬에서 살고 있구나 생각해요." 제주도에서는 어떻든 이 생각이 정리가 될 거라는 느낌이 들었다는 그는 스물넷에 논픽션《가장 보통의 재일한국인》으로, 제2회 아사히저널상을 수상하며 일본의 주목받는 작가가 되었다.

"아픔은 서로 비교할 수
없는 것"

　　　　"많은 것을 모르고 있다는 것이죠. 굳이 4·3이 아니어도 말하고 싶어도 말하지 못하는 기억을 가지고 사는 사람들은 어떻게 살고 있는지, 어떤 기억을 갖고 살고 있는지, 내 눈으로 보고, 듣고, 느끼고 싶어서 온 거잖아요." 그는 이미 누가 부르지 않아도 수년 전부터 제주도에 오기로 되어 있었다고 말했다. 필연일까.

"나는 여기에 오기로 돼 있었어요. 어딜 가더라도 사실에 접근해보면 겉으로는 하나인 것 같은데 건드리고 보면 다 달라요. 그 반대로 사건이 일어났을 때 복잡하고 이것저것 다른 것 같은데 진행 과정을 보면 다 똑같아요. 정치적으로 문제가 많아서, 무서워서 이야기 못하는 것도 많고. 사할린 동포들도 마찬가지예요. 남과 북의 사상적·정치적인 이유도 있고, 아픔도 많고, 인간들이 하는 것은 어디 가도 다 똑같아요."

그렇게 느낀 것은 한민족 디아스포라를 연구하기 위해 사할린, 우즈베키스탄 동포들을 만났을 때였다. 디아스포라들의 기억으로 엮은 지도, 그것을 어떻게 만들어가는가, 그것을 찾는 것이 그의 관심사를 더 풍부하게 했던 것이다.

"이 세계는 디아스포라가 아닌 사람들이 국가나 민족을 만들고 있는데, 실제로는 디아스포라들이 갖고 있는, 말하지 못하는 기억이 있잖아요. 그들을 만나고 난 다음 생각했던 것이죠. 힘 있는 사람들이 만드는 역사가 있다는 것. 디아스포라들이 갖고 있는, 기억이 만드는 지도도 있고, 세계가 있다는 것. 인간세계에 있어서는 그것이 아주 중요했어요."

강신자. 그는 리얼리스트다. 문학을 넘어 그의 글쓰기 영역은 넓다. 강신자만의 장르가 있다는 말을 들을 정도로 개성 있는 문체, 지금껏 낸 열 권이 넘는 저서들은 세태에 영합하지 않고 써온 것들이다. 얼핏, 그의 글은 어둡고 무거워 보인다. 그 이유는 디아스포라 등 역사에서 소외된 삶을 추적하기 때문일 것이다. 그의 시선은 험한 역사를 헤치고 살아남은 오키나와 85세 할머니의 노랫가락 속에도 닿아 있고, 이리오모테 섬의 무속에도 닿아 있다.

'재일교포라면 재일교포다운 글을 써야 한다'는 주위의 요구에 그는 어떻게 대답할까? "자이니치라는 좁은 범위를 넘어 보다 넓고 근본적인 인간 본연의 문제에 다가가려 했어요. 민족을 벗어나 인간을 보려는 거죠. 그런 고민 끝에 고향을 떠나 타향에서 살고 죽어가는 사람들을 모두 디아스포라라고 부르고, 그런 입장에서 사람들을 보게 된 거예요." 그런 결심으로 그는 할아버지의 고향 전라북도 장수까지 가서 나를 '버린다' 선언했다. 그렇게 디아스포라 속으로 들어갔다.

제주4·3을 알게 된 건 제주 출신 고모부한테서다. "고모부가 그랬어요. 사할린 동포들, 우즈베키스탄 고려인들의 아픔에 대해 너는 말하는데, 여기, 너희 조국에도 아픈 상처가 있다. 물론 어느 쪽이 더 아프다 비교할 수 있는 것은 아니다. 이 말을 하면서도 고모부는 4·3이야기 안 했는데, 고모가 옆에서 이 사람이 4·3을 겪었으니까 이런 얘기를 한다고 설명했어요."

"4·3이 뭐냐"고 당시 물었지만 고모부는 "말해도 넌, 알 수가 없다"면서 회피했다. 고통의 땅, 제주4·3에 대해 들을 수 있었던 건 그로부터 한참 후였다.

작가, 보이지 않는 공백

전달해야

"10년 전에 아버지가 돌아가셨는데 어떻게 살았는지, 어떤 생각을 갖고 있었는지 못 들었어요." 그래서 제주에서 아버지들의 이야기를 듣고 싶었죠." 할머니와 어머니들은 옛날이야기를 많이 한다. 그러나 아버지들은 그렇지 않다.

"역사나 민족은 아니지만 한 사람의 기억을 이어가는 것은 중요하잖아요. 사람들은 기억을 이어가는 것이 당연하다고 하죠. 말할 수 있는 기억은 그래요. 그런데 말할 수 없는 기억을 이어가기도 해요. 사람에게 제일 중요한, 정리하고 구성해야 하는 것은 정작 말하지 못하는 기억 속에 있다는 것을 느낀 거예요. 사람에겐 말하지 못하는 기억, 아픈 기억이 많

월령리 선인장 군락

월령리 주민들은 그 형태가 손바닥과 같다 하여 '손바닥선인장'이라 부르는데, 예로부터
마을 주민들이 쥐나 뱀의 침입을 막기 위해 마을 돌담에 옮겨 심어 월령리 마을 전체에
퍼져 있다. 월령리의 선인장 군락은 선인장의 자생 상태를 잘 보여주고 있는 국내
유일의 야생 군락으로 학술적 가치가 있으며, 민간약으로 쓰이거나 해로운 짐승의
침입을 막기 위해 심어놓는 등 주민들의 유용식물로 민속적 가치가 있다. 월령리에는
제주4·3 때 턱을 잃고 한평생 무명천으로 턱을 감싸고 살다간 '무명천할머니'의 쉼터가
선인장 군락에서 멀지 않은 곳에 있다.

잖아요, 창피한 것도 많고. 거기엔 보이지 않는 공백이 있죠. 기억의 공백을 알게 되었다면 그것을 전달해야 할 사명이 생기죠."

그렇다면 그는 말하지 못하는 기억으로 글을 쓰고 문학을 한다는 것일까? "그 일은 인간에게 너무나 중요하다고 생각해요. 우연히, 동시에 두 개의 인연이 있었죠. 고모부 얘기도 있고, 시인 김시종 선생 이야기도 있고. 제주도는 저에게 공백의 상징적인 섬으로 느껴졌어요. 그래서 제주에 온 거죠." 비로소 그는 말하지 못하는 기억의 공백과 대면하고 싶었던 것이다.

고교 졸업 후 고민으로 다가온
정체성

일본 주오(中央)대학 법학과 출신 아버지는 국적 때문에 변호사가 되고 싶었으나 될 수 없었다. 당돌한 소녀는 "그러면 내가 하겠다"고 법과를 택했다. "근데 적성에 안 맞았어요. 무의식적으로 문학 쪽으로 가고 있었어요."

고교 시절, 그 역시 자연스럽게 자기 정체성에 대한 고민이 찾아왔다. 그때까지는 일본 이름으로 다녔다. 한자로 쓰면 '姜信子', 일본식으로 읽으면 '교 노부코'란 이름으로 대학에 들어갔다. 우리말도 몰랐다. 2세대인 부모도 우리말을 몰랐기 때문이다. 그의 이름을 보고 대학의 선배들이 찾아왔다. 교포들이 만든 모임에 나오라고. 너는 한국 이름으로 살아야 하고, 한국인으로 살아야 한다. 한국말을 알아야 한다는 거였다.

"피부로 느끼게 해달라고 했어요. 아무리 봐도 그렇게 이야기하는 선배들도 행동하는 방식이 일본 사람이에요. 한반도에 살고 있는 한국 사람이 갖고 있는 민족의식 있잖아요. 그거하고 일본에 사는 재일교포의 민족의식은 똑같을 수가 없다 생각했는데 선배들이나 1세들이 하는 얘기는 한반도 사는 한국 사람들과 똑같이 되라 강요하는 것으로 느껴졌어요."

정체성의 문제는 재일 한국인 누구나 한 번쯤 고민해야 하는 통과제의 같은 거였다. 그렇다면 한국에서 지낼 때는 어땠을까. 1989년부터 1991년까지 2년간 충남도청에서 교환 공무원으로 일하게 된 일본인 남편을 따라 대전에서 살 때였다. 열심히 한국말을 배웠다. 주위의 시선은 어색한 모국어를 쓰는 그를 어렵게 했다. "일본에서는 일본 사람이 아니란 것을 피부로 느꼈는데, 대전에서는 한국 사람이 아니란 것을 느꼈잖아요. 웃기죠? 재일한국인이 한국에 가면 한국 사람이 될 줄 알았는데 한국에서는 한국 사람에 껴주지 않았어요."

재일동포 사회, 제주인

비중 커

일본의 버블경제 시기였던 1985년, 졸업을 맞은 학생들은 자기가 원하는 곳에 취업할 수 있었다. 특히 명문 도쿄대 출신은 더 그랬다. 그는 신문기자가 되고 싶었다. 〈마이니치〉에 시험을 봤으나 국적이 한국인이란 이유로 떨어졌다. "경험을 통해서 일본에서는 설 자리가 없구나 했죠. 억지로 한국말을 배우는 것도 이상했어요." 사춘기에 들어선 3세대라면 진지하게 고민하는 아이덴티티를 정면으로 다루어 쓴 책이 《가장 보통의 재일 한국인》이었다. "신문사 시험도 떨어졌고, 그냥 내가 생각하는 거 써야 되겠다 싶어서 쓴 거예요." 그 책이 선풍적 반향을 불러일으킬 줄은 전혀 몰랐다.

"1세, 2세들이 화를 냈어요. 자기들이 갖고 있는 민족의식을 부정했다고. 특히 오사카 쪽에서 더 심했죠. 근데 같은 또래 아이들은 '네가 우리들의 생각을 대변해줬다'며 격려했지만…."

거기에 공백이 있었음을 깨닫게 된 건 25년이 흐른 뒤였다. "김시종 선생님을 만났는데, 《가장 보통의 재일 한국인》 중심에 있는 것은 공백이라고 하셨죠. 25년 전에 들었으면 이해가 안 됐을 이야기예요. 그때는 눈에 보이는 것, 귀에 들리는 것만 가지고 책을 썼으니까요."

눈에 안 보이는 것, 귀에 안 들리는 것도 있다. 가슴을 쳤다. 비로소 또 하나의 길이 보였다. "사람끼리 이야기를 해도 못하는 것이 있잖아요. 그것을 느끼는 것이 문학이잖아요. 제겐 공백을 상징하는 것, 그것이 4·3이었어요." 그만큼 4·3은 강렬하게 들어왔다. "재일동포 사회는 제주인 비중이 커요. 그 사람들의 문화, 역사, 기억이 교포 사회에서는 중요한 부분이죠. 그것을 제가 몰랐던 거예요."

그는 지금 피할 수 없는 필연의 세계, 그 입구에 서 있는 것은 아닐까.

하늘에서 내려다본 한라산 백록담과 오름 군락

재일 3세 작가로서, 지금까지 쓴 세계와 다른, 제주도라는 섬이 그를 그렇게 이끌고 있는 건 아닐까. 그는 또 제주의 빛에 따라 변하는 중산간과 오름, 제주의 바람과 섬사람이 담긴 김영갑갤러리에서 오래 서성거렸다. 제주섬에 홀려 제주에 살다 세상을 뜬 사진가 김영갑. 그의 독특한 시각은 그에게 충격이었고, 영감을 주고 있었다.

"참혹한 아름다움이
떠오르는 섬"

　　　　　제주시 서쪽 아름다운 손바닥 선인장 마을 월령리엔 무명천 할머니의 쉼터가 있다. 4·3 때 경찰이 쏜 총에 턱을 잃고 평생 무명천으로 턱을 감싸고 살았던 여인. 그녀가 살았던 아주 작은 방 한 칸엔 아직도 고통스런 신음을 하며 홀로 살다 간 한 사람의 체취가 남아 있다. 땡볕 속에 선 작가 강신자. 그는 여기서 차마 발길을 떼지 못했다. 머뭇머뭇 한동안 그랬다. 말할 수 없었던, 말을 잃고 살아야 했던 여인의 고통이 전이돼서 그랬을까. 할머니가 간혹 나와 있었던 그 새파란 바닷가를 걸으며 그는 내내 침묵했다.

　"앞으로 아주 소설다운 소설, 일반적인 소설을 쓸지도 몰라요. 일반적인 모노가타리(物語, 이야기), 마르케스의 《백년의 고독》 같은…." 제주를 떠날 즈음, 그는 아주 큰 전환기에 선 사람처럼 비장한 어조로 말했다.

　"4·3 당시 뭐가 뭔지 모르면서 죽고, 도망가고, 그리고 서로 무서워하고 그렇게 된 거라고. 너무 논리적으로, 학술적으로 공부하면 안 된다는 거예요. 오히려 곤란하게 돼잖아요. 결국은 인간에 대해서 써야 하니까. 4·3은 이것이다 쓰면 보편적인 문제를 개별적인 작은 문제로 만드는 거잖아요. 핵심에 있는 보편적인 문제를 작은 목소리로 이야기하는 거, 그렇게 이야기해야 한다고 생각해요."

월령리 선인장 바다를 돌고 나올 때였다. 그가 툭 던졌다. "제주도는 참혹한 아름다움이 떠오르는 섬이네요"라고. 제주 부둣가는 떠나는 이들의 열기로 더 뜨거웠다. 그의 눈이 한동안 한라산에 머물고 있는 듯했다.

강신자
/
재일 한국인 3세 작가. 1961년 요코하마 출생. 도쿄대학 법학부 졸업. 게센(惠泉)여학원 대학 객원교수(문예창작). 1986년 《가장 보통의 재일 한국인》으로 제2회 논픽션 아사히 저널상 수상. 저서로 《달팽이 걷는 법》·《노래선물》(아사히출판), 《기향 노트》(사쿠힌샤, 2000), 《안주하지 않는 우리들의 문화 동아시아 유랑》(정문사), 《추방의 고려인》(안 빅토르와 공저, 석풍사), 《노래 ―노스탈지아》·《이리오모테》(이와나미쇼텐, 2009) 등이 있다. 2006년 소설 《나미이 ―야에산 할머니의 노래 이야기》가 〈나미이와 노래를〉이란 제목으로 영화화됐다. 한국에서의 경험을 쓴 《나의 월경(越境) 레슨 ―한국편》, 개화기부터 90년대까지 한국 대중음악과 일본 음악 사이의 관련 양상을 살펴본 《일한 음악 노트》를 펴내기도 했다. 코리안 디아스포라 연구를 위해 10년 전부터 러시아, 우즈베키스탄을 찾았고 이후 디아스포라는 작품의 주제가 됐다. 2015년 3월에 2010년의 제주 기행이 포함된 《살아 있는 모든 공백의 이야기》를 일본에서 펴냈다. 2015년 여름엔 제주 오백장군 신화를 소재로 한 책이 출간될 예정이다.

사진 출처

20-21p	주상절리	김기용
78p	다랑쉬오름	허호준
86p, 92-93p	양방언 공연	엔돌프 뮤직
120-121p	이중섭 거주지	윤대균
144p	방선문계곡	요텐 유키오
202-203p	성산일출봉	허호준
290-291p	벚꽃 길	김기용
316-317p	한라산	허호준